Alfred Burchartz

Israels Feste

Was Christen davon wissen sollten

Aussaat Verlag

© 1997 Aussaat Verlag
Zweigniederlassung der Verlagsgesellschaft des Erziehungsvereins mbH,
Neukirchen-Vluyn
Titelgestaltung: Hartmut Namislow
Gesamtherstellung: Breklumer Druckerei Manfred Siegel KG
Printed in Germany
ISBN 3-7615-3583-X
Bestell Nr. 113 583

Inhalt

Vorwort

Jesus Christus war Jude, wurde im jüdischen Land geboren und von jüdischen Eltern im jüdischen Glauben erzogen. Das müßte für Christen eine „Binsenwahrheit" sein. Dennoch kann sie nicht oft genug wiederholt werden, um unter Christen die Erkenntnis zu wecken und zu festigen, daß christlicher Glaube seine Wurzeln im Judentum hat.

Ohne den jüdischen Glauben, in dem auch Jesus und seine Jünger lebten, ist das Neue Testament in seiner ganzen Bedeutung nur unzureichend verständlich. Das gilt nicht nur für einige Feste, die in der Christenheit gefeiert werden. Karfreitag, Ostern und Pfingsten, selbst der „Israel-Sonntag", haben mit *Pessach*, *Schawuot* und dem 9. Aw ihren Hintergrund. Im Abendmahl Jesu begegnet uns die Sederfeier jüdischer Menschen am Vorabend des Passahfestes. Die Gebetstradition Israels erfuhr ihre Zusammenfassung in der Kurzform des Vaterunsers, wie es Jesus lehrte. Es bleibt, wie auch der aaronitische Segen, inhaltsschwer, wenn die Heiligkeit des Gottesnamens auch Christen in ihren Gottesdiensten bewußt ist.

Das Bekenntnis zu Jesus als dem Messias Gottes für Juden und Heiden spiegelt sich in der langen Tradition der jüdischen Messiashoffnung und ihren Verheißungen. Auch wenn Juden das nicht anerkennen können, bleibt es Tatsache, daß die Kirche Christi auf Israel, dem für sie älteren Glaubensbruder, gewiesen ist.

Um Verständnis für den jüdischen Glauben zu werben und die Verbundenheit der Kirche mit Israel aufzuzeigen, dazu möchten die hier wiedergegebenen Beiträge helfen. Sie waren z.T. Sendungen im Evangeliums-Rundfunk oder Artikel in Publikationen wie „Schritte" (Magazin für Christen), „Porta" (Zeitschrift der Studentenmission in Deutschland), „Gemeinsam unterwegs" (Gnadauer Gemeinschaftsverband), „Kirche für Israel" (Jahresschrift des EDI zum Israel-Sonntag), u.a.

Da die Beiträge zu verschiedenen Zeiten und Anlässen geschrieben wurden, waren Wiederholungen von Fakten nicht zu vermeiden.

Nürtingen, Juni 1997   Alfred Burchartz

Der jüdische Festkalender

Der jüdische Kalender richtet sich nicht nach dem Sonnen-, sondern nach dem Mondjahr, wobei jeder Monat (Mond) mit dem Neumond beginnt und 29 oder 30 Tage zählt. Nach biblischem Gebot (2 Mose 12,2) beginnt der Jahreskalender mit dem Frühlingsmonat Nissan (Abib).

Die Namen der Monate lauten:

Nissan, Ijar, Siwan, Tammus, Aw, Elul, Tischri, Cheschwan, Kislew, Tewet, Schwat, Adar (Adar II).

Zwischen einem Mond- und Sonnenjahr entsteht jährlich eine Differenz von mehreren Tagen, die sich nach einigen Jahren zu einem Monat ansammeln. Der wird als Schaltmonat Adar II in dem dann gebotenen Schaltjahr eingefügt.

Der Fest- und Herbstkalender beginnt mit dem 1. Tischri, dem siebenten Monat. Das ist der Tag des Neujahrsfestes, also der Tag des Wechsels der Jahre. Ihre Zählung beginnt nach biblischer Zeitrechnung mit der Schöpfung. Ab Herbst 1996 z.B. wird das Jahr 5757 gezählt. Eingeführt wurde der Herbstkalender zur Zeit des babylonischen Exils (6. Jh. v. Chr.). Außerhalb Israels werden manche Feste einen Tag länger gefeiert. Diese sind im folgenden in Klammern gesetzt.

Rosch Haschana — Haupt des Jahres

Der Neujahrstag am 1. und 2. Tischri ist kein biblisches Fest und war ursprünglich das babylonische Neujahrsfest. Für die jüdische Gemeinde hat es folgende Bedeutungen:

* Geburtstag der Welt: erster Schöpfungstag; Huldigung des Schöpfers und Herrn der Welt;
* Tag der Besinnung über Schuld im vergangenen Jahr, damit Vergebung unter Menschen geschehen kann;
* Tag des Schofarblasens (Widderhornblasen);
* Hoffnung auf Einschreibung ins Buch des Lebens (2 Mose 32,32f); es beginnen die zehn Gerichtstage, auch „furchtbare Tage" genannt.

Jom Kippur — Tag der Versöhnung

Vgl. dazu 3 Mose 16; auch „Tag der Bedeckung" nach (Ps 32,1; 85,3) am 10. Tischri. Gilt als „Schabbat aller Schabbate" und deshalb als heiligster Feiertag. Der Vorabend heißt *Kol Nidre* nach dem Gebet um Entbindung von nicht erfüllten Gelübden gegenüber Gott. *Jom Kippur* ist der absolute Buß- und Fastentag mit ganztägigem Gottesdienst. Am Abend werden die „Tore bei Gott" geschlossen und ebenso das Buch des Lebens für das nächste Jahr. An Stelle des entsühnenden Opfers tritt nach der Zerstörung des Tempels (70 n. Chr.) das Gebet.

Sukkot — Laubhütten

Vom 15.—22. Tischri, vgl. 3 Mose 23,39ff. Bedeutungen: Fest der Freude über die Ernte von Obst und Wein, die „Zeit unserer Freude" (3 Mose 23,40; 5 Mose 16,14). Provisorische Behausungen — Laubhütten — werden errichtet und laden zum Wohnen ein. Zur Erinnerung an die Wüstenwanderung, an die Ungesichertheit des Lebens und an die Abhängigkeit von Gottes Fürsorge und seiner Vollendung in den Tagen des messianischen Heils für Israel und die Völker. Zum Gang in die Synagoge gehört ein Feststrauß (3 Mose 23,40), der dort beim Singen geschwungen wird.

Schemini Azeret — Achter Tag der Versammlung

Abschlußfest am 22. Tischri; vgl. 3 Mose 23,36. Gebet um Regen und für die Seelen der Toten.

Simchat Tora — Tora-Freudenfest

23. Tischri; in Israel fallen beide Feste auf den 22. Tischri. Beim Gottesdienst wird der letzte Wochenabschnitt der fünf Bücher Mose gelesen und anschließend der erste von 54 Wochenabschnitten. Es finden Umzüge mit Tanz und Gesang in der Synagoge statt, wobei alle Torarollen getragen werden.

Chanukka — Einweihung

Das „Fest des Lichtes" wird vom 25. Kislew bis 2. Tewet gefeiert (1 Makk 4 und 10). Gedenken an den Aufstand Israels gegen die seleukidische (syrische) Unterdrückung, Wiedereinweihung des Tempels nach der Befreiung vom heidnischen Kult 165 v. Chr. Der Talmud (rabb. Lehrtradition) erzählt von dem Wunder des acht Tage währenden Leuchtens der siebenarmigen *Menorah* von der gleichen Menge aufgefundenen geweihten Öls. Deshalb hat der über das Fest verwendete Leuchter acht Arme, bei dem täglich ein Licht mehr entzündet wird. Der neunte Arm trägt das „dienende Licht" zum Entzünden der anderen.

Tu Bischwat — Neujahrsfest der Bäume

15. Schwat, vgl. 3 Mose 19,23-25. In Israel ist es Brauch, an diesem Tage Baumanpflanzungen durchzuführen.

Purim — Fest des Loses

Gefeiert am 14. Adar, vgl. dazu das Buch Ester. Gedenken an Ester, die im Perserreich durch Einsatz ihres Lebens die Juden vor den Ausrottungsplänen Hamans rettete. Es wird mit Verkleidungen und Belustigungen (wie Karneval) gefeiert.

Pessach — Verschonung

15. bis 21. (22.) Nissan, vgl. 2 Mose 13,1-8; 3 Mose 23,5-8. Bedeutungen:
* Frühlingsfest und Erntefest der Gerste
* Fest der Freiheit: Auszug aus Ägypten
* Fest der ungesäuerten Brote (*Mazzot*)
* Fest der Verschonung durch das Blut der geopferten Lämmer. Das Passahfest mit dem Sederabend ist vornehmlich ein Familienfest, das nach einer festgelegten Ordnung (*Seder*) mit der *Pessach-Haggada* (Pessach-Erzählung) begangen wird. Hierbei haben Symbolspeisen und der „Eliasbecher" eine besondere Bedeutung. Der Sederabend war die letzte Feier Jesu mit seinen Jüngern.

Jom ha' Schoa — Tag der Vernichtung (Holocaust)

27. Nissan: Gedenken an die Opfer der Judenverfolgung (Auschwitz) und des Warschauer Ghettoaufstandes.

Jom ha' Azmaut — Unabhängigkeitstag

Am 5. Ijar wird der Staatsgründung Israels am 15. Mai 1948 gedacht.

Lag ba-Omer — 33. Tag der „Omerzählung"

18. Ijar: Freudenfest besonders der *Chassidim* (Frommen), *Omer* (Garbe). Zentrum der Feiern in Israel ist Meron, die Stadt der Kabbala-Überlieferung (einer mittelalterlichen mystischen Lehre).

Jom Jeruschalajim — Tag Jerusalems

28. Ijar: Gedenken an die Befreiung Jerusalems 1967 und Hoffnung auf die Wiedererrichtung des Tempels.

Schawuot — Wochenfest

6. (7.) Siwan, vgl. 5 Mose 16,9f. Bedeutungen:
* sieben Wochen nach dem Pessach-Fest am 50. Tag (griech. Pentecoste = Pfingsten).
* Erntefest: Fest der Erstlingsfrüchte der Weizenernte
* *Azeret* (Versammlung): Abschlußfest. Mit *Azeret* ist der achte Tag eines Festes gemeint. *Schawuot* gilt durch die 50 Tage der Omerzählung als achter Tag an Pessach angebunden, an dem abschließend „heilige Versammlung" stattfinden soll.
* Fest der Gesetzgebung am Berg Sinai. Da *Schawuot* auch „Gelübde" heißt, wird mit der Toragebung auch der Gelübde des Volkes (2 Mose 24,3.7) und Gottes (2 Mose 19,5) gedacht.

Sukkot, Pessach und Schawuot waren mit gebotenen Wallfahrten zum Tempel in Jerusalem verbunden (5 Mose 16,16; Kap. 26).

Tischa be' Aw — 9. Aw

Gedenken an die Zerstörung des Tempels durch die Babylonier 587 v. Chr. und durch die Römer 70 n. Chr. als Gericht Gottes. Wie Jom Kippur ist der 9. Aw strengster Fasten- und Trauertag. Mit Mahnung zur Buße wurde er in das christliche Kirchenjahr mit dem 10. Sonntag nach Trinitatis eingebracht: „Gedenken an die Zerstörung Jerusalems", heute „Israelsonntag".

Ta' anit Ester — Fasten Ester

13. Adar, vgl. Est 4,16. Fasten der Königin und der Juden als Antwort auf das Dekret Hamans zur Vernichtung der Juden.
  Drei weitere Fastentage hängen mit dem 9. Aw und der Zerstörung des ersten Tempels zusammen:
10. Tewet: Beginn der Belagerung Jerusalems durch Nebukadnezar.
17. Tammus: Fall der Mauern Jerusalems.
3. Tischri: Nach der Zerstörung Jerusalems Ermordung des jüdischen Statthalters Gedalja.

Rosch Haschana —
das jüdische Neujahrsfest

Wenn das jüdische Jahr sich seinem Ende nähert, dann erinnert jüdischer Glaube den Menschen an die Vergänglichkeit seines Lebens und weist auf den, der alle Zeit in seinen Händen hält, der die Jahre zählt, die kurzen Jahre im Leben des einzelnen und auch das, was sich aneinanderreihte und so zur Geschichte des jüdischen Volkes wurde.

Ehrfürchtiger und ernster werden die Gottesdienste, und ehrfürchtiger Ernst zieht ein in die Herzen derer, die sich als Juden zu dem einen Gott, dem König Israels, bekennen und in seinem Bund ein Leben nach seiner Weisung führen möchten. Aber selbst diejenigen, die es leicht nehmen mit dem Willen Gottes für sein Volk und ihn kaum in ihrem Leben ernsthaft beachten, werden von dem Ernst der ehrfürchtigen Tage um den Jahreswechsel erreicht.

Tag des Gerichts

Schon im Monat Elul, dem letzten vor dem Jahreswechsel, ertönt beim täglichen Gottesdienst eindringlich und mahnend das *Schofar* (Widderhorn). Seine Töne wollen als weckendes Rufen in die Seele des Menschen fallen, ihn ermahnen, an sein Ende zu denken und an den Richter seines Lebens, der auf ihn wartet. Denn mit *Rosch Haschana* (Haupt des Jahres), dem

Neujahrstag am 1. Tischri, beginnen die zehn Bußtage, die am Abend des *Jom Kippur*, dem Versöhnungstag, enden.

In diesen Tagen wird dem Glaubenden bewußt, daß er vor Gott, seinem Richter, steht. Deshalb auch die Vorstellung, daß in dieser Zeit vom 1. bis zum 10. Tischri göttliches Gericht über ihn gehalten wird. So ist *Rosch Haschana* der Tag des Gerichts (*Jom hadin*).

Dieses Gericht ist universal. Es trifft den einzelnen Menschen wie auch die gesamte Schöpfung. Deshalb erinnert *Rosch Haschana* an den Weltenrichter, der ja Schöpfer der Welt ist, und an die Schöpfung als „seiner Hände Werk", die ihm verantwortlich und deshalb Rechenschaft schuldig ist.

Von daher wird *Rosch Haschana* auch als „Geburtstag der Welt" (*hajom harat olam* — heute ist der Geburtstag der Welt) verstanden und erinnert an den ersten Schöpfungstag, von dem an alle Zeit mit ihren Jahren zu zählen begann. Genauso wird auch der letzte Tag, sowohl im Leben der Menschen als auch der dieser Welt, in den Händen und im Willen Gottes liegen.

„So lege denn die Furcht vor dir, Ewiger, unser Gott, auf alle deine Werke und die Angst vor dir auf alles, was du erschaffen, daß dich fürchten alle Werke und sich vor dir bücken alle Geschöpfe, denn heilig bist du und furchtbar dein Name und kein Gott außer dir, wie geschrieben steht: Erhaben ist der Ewige, Zebaoth durch das Gericht und der Heilige Gott geheiligt durch die Gnade. Gelobt seist du, ewiger, heiliger König! Unser Gott und Gott unserer Väter, regiere über die ganze Welt in deiner Ehre. Herrsche über die ganze Erde in deiner Herrlichkeit, auf daß jedes Geschöpf erkenne, daß du es erschaffen, und bekenne: Der Ewige, der Gott Israels, ist König, und sein Reich herrsche über das All" (aus den Gebeten für das Neujahrsfest).

Tag der Besinnung (*Jom hasikaron*)

Als Tag der Rechenschaft ist *Rosch Haschana* ein Tag der Besinnung. An ihm wird bei Gott das Buch des Lebens aufgeschlagen, und Gott sieht auch das, was sich an Fehlverhalten und Verschulden während des vergangenen Jahres im Leben jedes einzelnen ansammelte. Weil Gott das sieht und dessen gedenkt, wird der Mensch genötigt, es auch zu sehen und sich Rechenschaft zu geben über das, was er getan oder nicht getan hat, womit er vor dem richtenden Gott nicht bestehen kann.

Denn es gibt nur eine Möglichkeit, sich aus dem Gericht Gottes zu retten und seine Gnade zu erfahren, wenn das, was schuldhaft zwischen Menschen steht, ausgeräumt wird. Denn schuldig vor Gott wird der Mensch durch sein Fehlverhalten am Nächsten. So ist es dem Juden geboten, gerade in den Tagen des Gerichts und der Buße alle diejenigen aufzusuchen und um ihr Verzeihen zu bitten, an denen er schuldig wurde, selbst dem inzwischen Verstorbenen gegenüber, an dessen Grab man unter Zeugen bekennt und bereut.

Denn Umkehr (*teschuwa*), Gebet (*tefilla*) und Liebeswerke (*zedaka*) sind es, die Gottes Gericht abwenden können. Wo das von allen Juden ernsthaft beachtet und verwirklicht wird, da geschieht Reinigung im jüdischen Volk, die Gott gelten lassen will. Da wird das Wort wahr, mit dem die Sprüche der Väter (*Pirke Awot*) beginnen: „Ganz Israel hat Anteil an der zukünftigen Welt, denn so heißt es: Dein Volk besteht aus lauter Gerechten . . .".

So hofft jüdischer Glaube, daß Reue und Wiedergutmachung die Schuld vor Gott tilgen kann und Gottes Vergebung ein gültiger Zuspruch ist, der am Tag der Versöhnung (Jom Kippur) den Sünder wieder aufrichtet, obwohl kein Blut dafür vergossen wird, wie es nach 3 Mose 16,30 und 17,11 gefordert ist.

Zur Besinnung dieser Tage gehören auch die guten Vorsätze, daß man zukünftig von Sünden läßt und frei werde von dem, was durch Schwachheit in erneutes Schuldverhalten führen kann.

So kann man nun unter Gottes Angesicht wieder ein neues Jahr beginnen in der Hoffnung, daß Gott uns in seinem Buch des Lebens wieder für ein Jahr eingeschrieben hat: „uns und dein ganzes Volk, das Haus Israel, zu glücklichem Leben und zum Frieden."

Wenn man an *Erew Rosch Haschana*, also am Vorabend, aus der Synagoge geht, dann wird diese Hoffnung zu einem Gruß und Wunsch für jeden, dem man begegnet: *„Leschana towa tikatewu!"* („Für ein gutes Jahr möget ihr eingeschrieben werden!") Denn „am Neujahrstag wird es geschrieben und am Versöhnungstag wird es besiegelt, wie viele entstehen, wer leben wird und wer sterben . . ., wer in Freuden und wer in Leiden, wer arm und wer reich, wer fällt und wer steigt."

„Gedenke unser zum Leben, König, der du Wohlgefallen hast am Leben, und schreibe uns ein im Buch des Lebens um deinetwillen, lebendiger Gott, König, Helfer und Schild Israels" (aus den Gebeten für das Neujahrsfest). Zeichenhaft dafür werden dann zu Hause Teile eines süßen Apfels in Honig getaucht und mit dem Wunsch gegessen: „Es möge Gott gefallen, uns ein gutes und süßes Jahr zu schenken". Mit dem Jahreswechsel soll ein neuer Anfang im Leben jüdischer Menschen geschehen und nicht ein Ende im Gericht. Das drückt sich aus in der Symbolspeise eines Fisch- oder Hammelkopfes (*Rosch* = Kopf, Haupt), den man am ersten Abend in der Familie zu sich nimmt.

Dem Ernst und der Ehrfurcht dieser Tage (*Jamim noraim*) entspricht es, daß man sich mit nichts Buntem kleidet. In der Synagoge herrscht weiße Farbe vor: weiß ist der Vorhang vor dem Toraschrein (*Aron hakodesch*), sind die Mäntel der Torarollen, die Decken auf dem Vorlesetisch und an der Kanzel. Der *Chasan* (Vorbeter) trägt sein Sterbekleid ebenso der Schofarbläser.

Tag des Schofarblasens (*Jom terua*)

Der Gottesdienst an *Rosch Haschana* entspricht der Bedeutung und Einmaligkeit des Neujahrstages im Jahreslauf. Er dauert etwa fünf Stunden. Wie anstelle des von Israel geforderten Opfers im Tempel des Herrn nach seiner Zerstörung das Gebet der Gemeinde trat, so werden die in 4 Mose 28 und 29 geforderten zusätzlichen Opfer für Festtage durch (zusätzliche) *Mussaf*-Gebete ersetzt.

Diese *Mussaf*-Gebete bilden in ihrer Bedeutung und Eindringlichkeit Höhepunkte des Neujahrsgottesdienstes. Der Gemeinde wird bewußt, daß sie vor Gott, dem alleinigen König Israels, dem Weltenrichter und Erlöser steht.

Das *Allenu*-Gebet beginnt mit den Worten: „An uns liegt es zu verherrlichen den Herrn des Alls, Huldigung darzubringen dem Schöpfer der Welt, daß er uns nicht hat sein lassen wie die Völker der Erde und uns nicht gleichgestellt hat den Geschlechtern des Erdbodens . . . Sie beten an Eitles und Nichtiges und rufen an, was ihnen keine Hilfe zu gewähren vermag. Wir aber beugen die Knie und bücken uns und bekennen vor dem Könige, dem Weltenherrn . . . Er ist unser Gott, keiner sonst. Er ist in Wahrheit unser König, niemand außer ihm . . ." Während dieses Gebetes an der Stelle „Wir aber beugen die Knie . . ." geschieht das in jüdischen Gottesdienstes sonst nicht Übliche: Vorbeter und Gemeinde knien nieder und berühren mit der Stirn den Boden und zeigen auf diese Weise, wer sie sind vor dem „Einen, Heiligen, gelobt sei er".

Nach der Toralesung, noch vor dem „Einheben" der Torarolle in den Toraschrein, tritt der Schofarbläser (*Baal Tokea*) vor die Gemeinde. Jetzt beginnt das Schofarblasen, wie es innerhalb des *Mussaf*-Gebetes noch dreimal ertönen wird.

Das Schofarblasen ist ein sehr kompliziertes und schwieriges Tun. Auf einem einfachen, aber fehlerfreien Widderhorn wird kunstvoll eine Reihe von Tönen geblasen, deren erster Teil ein Weckruf (*Tekia*) ist. Der zweite Teil ist ein Singruf (*Schewa-rim*) und wird in Trillern ausgeführt. Der letzte Teil stellt einen Jubelruf dar, der schrill und laut die Ohren der Hörer füllen soll.

Nach Gaon Saadja (892 bis 942) hat das Schofarblasen eine zehnfache Bedeutung:

* es soll an die Schöpfung der Welt erinnern, an den Welten-schöpfer und an das Königtum Gottes. *Hajom harat olam* — Heute ist der Geburtstag der Welt!;

* es will zur Buße mahnen, weil die Möglichkeit zur Umkehr zeitlich begrenzt ist;

* es soll eine Ermahnung zur Tora sein und an den in ihr offen-barten Gotteswillen, den zu leben sich Israel im Bundes-schluß des Sinai verpflichtet hat;

* es will auf die warnenden und mahnenden Worte der Pro-pheten weisen, allen Feinden und aller Verführung zu wider-stehen;

* es soll der Zerstörung des Tempels gedenken und damit des Unglücks und Elends, das über Israel kam;

* es will auf Abraham weisen, der mit der Bereitschaft, Isaak zu opfern, ein Vorbild des Gehorsams unter Gott wurde — das Widderhorn weist auf den Widder, der an Isaaks Statt ge-opfert wurde;

* es soll erinnern an die Schrecken der Kriege und die Trompe-ten der Feinde und darin gleichnishaft an Gottes Gericht über Israel;

* damit mahnt es auch an das Weltgericht in der letzten Zeit, das unter dem Klang des Schofars, der „großen Posaune", mit dem Kommen des Messias eingeleitet wird;

* es will Israel trösten mit der Verheißung der Erlösung, wenn ganz Israel in der Zeit des messianischen Heils aus den Völ-kern gesammelt und von allem Leid befreit wird.

* es weist auf die Auferstehung der Toten hin, mit der Gott Isra-el an das Ziel seiner Bestimmung bringen wird, in die zukünf-tige Welt.

Nach Maimonides (1135 bis 1204) will das *Schofar* eindringlich ermahnen: „Wacht auf, ihr Schläfer, und denkt nach über eure Taten, und gedenkt an euren Schöpfer, und kehrt zu ihm um in Buße. Gehört nicht zu denen, welche die Wirklichkeit verfehlen, indem sie Schatten nachjagen; die ihre Jahre damit vertun, daß sie nichtigen Dingen nachjagen, welche weder Nutzen noch Heil bringen. Habt wohl acht auf eure Seelen, und verbessert euren Charakter. Jeder von euch soll seine bösen Wege und Gedanken verlassen und zu Gott umkehren, daß er euch gnädig sein möge."

Wenn an *Rosch Haschana* der letzte Ton des *Schofars* verklungen ist, dann bleibt das *Schofar* an den folgenden Bußtagen stumm. Es ertönt erst wieder mit der Ankündigung, daß der *Jom Kippur* (10. Tischri) beendet ist.

„Unser Gott und Gott unserer Väter, blase in das große *Schofar* zu unserer Freiheit, und erhebe ein Panier, unsere Verbannten zu sammeln. Bringe nahe unsere Zerstreuten aus der Mitte der Völker, und unsere Zersprengten sammle von den Enden der Erde. Bringe uns in deine Stadt Zion mit Jubel und nach *Jeruschalajim*, der Stätte deines Heiligtums, in ewiger Freude. Dort wollen wir dir die Opfer unserer Pflicht bringen" (aus dem *Mussaf*-Gebet für *Rosch Haschana*).

Tag der Erlösung

Für den jüdischen Glauben ist Erlösung die Befreiung aus allem Leid, hervorgerufen durch den bösen Trieb, der den Menschen in sündhafte Verstrickungen und damit zum Fehlverhalten vor Gott und den Menschen führt.

Rosch Haschana ist ein Tag der Erlösung, der den Menschen in seiner Umkehr befreien will von den Sünden des vergangenen Jahres, damit er, gelöst von aller Last, wieder neu beginnen kann und ein neues Jahr im Buch des Lebens für ihn werde.

Zeichenhaft wird dies dargestellt mit dem „Taschlich-Machen". Nach dem Mincha-Gebet des ersten Tages Rosch Haschana (wenn dies ein Schabbat ist, dann am zweiten Tag) gehen in manchen Gegenden Juden an ein fließendes Wasser und schütteln dort ihre Kleider, als ob ihre Sünden nun von der Strömung fortgetragen werden und nicht wiederkehren könnten. „Wegwerfen (Taschlich) wirst du alle ihre Sünden in die Wogen des Meeres" (Mi 7,19).

Das „Taschlich-Machen" ist dem Zeichen der Johannes-Taufe am Jordan ähnlich: die Vorbereitung der Menschen auf die kommende Heilszeit des Messias. Deshalb der Gerichtsernst und der Ruf zur Buße in der Predigt des Täufers, damit das kommende Heil von dafür vorbereiteten Menschen empfangen werden kann.

Vorbereitung aber heißt Ausrichtung auf das Kommende, Hinwendung zu dem, der Heil bringen will, unter Abkehr von dem, was durch Sünde und Schuld gefangenhält. „So lasset uns hinzugehen mit wahrhaftigem Herzen in völligem Glauben, besprengt in unseren Herzen und los von dem bösen Gewissen und gewaschen am Leibe mit reinem Wasser" (Hebr 10,22).

Dem Ernst und der Ehrfurcht, die uns mit dem Jahreswechsel in jüdischen Gemeinden begegnet, sollte der Ernst und die Dankbarkeit entsprechen, mit der die christliche Gemeinde am Ende und Anfang ihres kirchlichen Kalenders den wieder neu empfangen möchte, den sie in Wort und Sakrament stets gegenwärtig weiß. Das Heil der Sünder kann unter Christen von denen empfangen werden, die sich mit Ernst ihrer Vergebungsbedürftigkeit bewußt sind. Jesus Christus, der uns in seine Hände gezeichnet hat, hat uns zu seinem Eigentum werden lassen. Dadurch sind wir Eingetragene im „Buch des Lebens" (Phil 4,3), und zu denen will Christus sich bekennen vor Gott und den Engeln (Offb 3,5) an jenem Tage, da Gott Gericht halten wird über eine in der Finsternis ihrer Werke verlorenen Welt.

So wie an *Rosch Haschana* in Lesungen sowohl die Geburt als auch die Opferung Isaaks der jüdischen Gemeinde vor die Seele gestellt wird, so beherrscht christliche Verkündigung auch im ausgehenden und beginnenden Kalenderjahr das, was Gott in Jesus Christus uns getan hat: „. . . und schenkt uns seinen Sohn." Das ist das einzige, worauf wir uns berufen können im Leben und im Sterben und auch in den Tagen des Gerichts. Deshalb stehen im christlichen Kalender vor dem Advent seines Kommens immer der Buß- und Bettag und der Ewigkeitssonntag.

Denn mit Christus ist alles neu geworden, ist nach Gottes Willen ein neues Beginnen, an dem diejenigen, die sich zu ihm bekennen, Anteil haben dürfen auch für jenen letzten Neubeginn, der Juden und Christen in gleicher Weise verheißen ist: „Es sind die Reiche der Welt unseres Herrn und seines Messias (Christus) geworden" (Offb 11,15). „So ist Christus einmal geopfert, wegzunehmen vieler Sünden; zum andern Mal wird er nicht um der Sünde willen erscheinen, sondern denen, die auf ihn warten, zum Heil" (Hebr 9,28). „Denn der Herr selbst wird mit dem *Schofar* (Posaune) Gottes herniederkommen . . . und die Toten in Christus werden auferstehen . . ." (1 Thess 4,16).

Rosch Haschana im jüdischen Kalender

Rosch Haschana wird nach dem jüdischen Kalender am 1. und 2. Tischri gefeiert. Tischri aber ist der siebte Monat. Ursprünglich, in den Anfängen des Volkes Israel, wird die Zeit um Tischri, wenn die letzte Ernte eingebracht und auf die Zeit des Regens für neues Säen gewartet wurde, das Ende des alten oder der Beginn eines neuen bäuerlichen Jahres gewesen sein. Doch dann geschah mit der Befreiung Israels aus Ägypten und dem Bundesschluß am Sinai ein Neubeginn mit Israel als „Volk des Eigentums". 2 Mose 12,2 und 13,4 lesen wir: „Dieser Monat (gemeint ist Abib bzw. Nissan) soll bei euch der erste Monat sein, und von ihm an sollt ihr die Monate des Jahres zählen."

Rosch Haschana ist kein biblisches Fest und wird auch nicht in jüdischen Schriften vor der Redaktion der Mischna (2. Jh. n. Chr.) erwähnt. Dennoch kann angenommen werden, daß Rosch Haschana als Fest für den 1. Tischri nach der Rückkehr Israels aus Babylonischer Gefangenschaft eingeführt wurde. In Neh 8,2 heißt es: „Esra, der Priester, brachte das Gesetz vor die Gemeinde . . . am ersten Tage des siebenten Monats." Damals begann ein Neubeginn im Volk Israel, mit dem die rabbinische Lehrtradition und ihr Verständnis der Schriftauslegung zunehmend an Gewicht gewann. Mit der Institution der Synagoge blieb die rabbinische Lehrtradition dann später, nach der Zerstörung des Tempels im Jahre 70 n. Chr., das einzige Element, das das religiöse Leben im wesentlichen bestimmen sollte.

In Mischna und Gemara, die zusammen den Talmud bilden, wurde dann das fixiert, was auch mit *Rosch Haschana* und seinem Verständnis dem jüdischen Volk geboten wird: „Sprechet vor mir am *Rosch Haschana* das Huldigungsgebet, damit ihr mich zum König über euch einsetzet." (Bab. Talmud, Traktat Rosch Haschana 16 A).

Jom Kippur — Tag der Versöhnung

Jom Kippur: Der Mensch steht vor Gott, dem Unnahbaren, dem Heiligen, dem Richter — unausweichlich, unentrinnbar.

Tag der Buße und des Gerichts

Jom Kippur ist der letzte der „furchtbaren Tage", die mit *Rosch Haschana* begannen und nun mit diesem Tag enden sollen. Es sind Tage des Gerichts und der Abrechnung Gottes mit dem Menschen und des Menschen mit seiner Schuld. Es sind Tage der Reue und Buße, die Selbstüberprüfung verlangen.

In dieser Zeit sind nach jüdischem Glauben vor dem Thron des Allwissenden Bücher aufgeschlagen: das Buch des Lebens und das Buch des Todes. In ihnen wird Gottes Urteil und Schuldspruch festgehalten über das Tun und Lassen des Menschen in der Zeit des vergangenen Jahres, vom letzten *Jom Kippur* bis zum heutigen. Das zu wissen bewirkt die Frage, ob der Mensch noch hoffen darf, für ein neues Jahr eingeschrieben zu werden im Buch des Lebens.

In der gottesdienstlichen Liturgie dieser Tage heißt es: „Am Neujahrstag wurde es geschrieben und am Versöhnungstag wird es versiegelt: wie viele vergehen, wie viele entstehen, wer leben wird und wer sterben, wer sich freuen darf und wer leiden, wer arm wird und wer reich, wer fallen muß und wer aufstehen darf . . . Aber Umkehr (Buße), Gebet und gute Taten wenden ab das böse Verhängnis!"

Jom Kippur mit der Forderung zur Umkehr des Menschen verlangt Einkehr und das Bemühen um Sündenerkenntnis. Die vielen Bußgebete und Sündenbekenntnisse, die er in der Glaubensgemeinschaft der Synagoge sprechen wird, nötigen den jüdischen Menschen, sein Leben im vergangenen Jahr zu überdenken, sein Versagen zu erkennen, seine Verfehlungen zu erleiden und seine Untaten zu bereuen. Zehn Tage lang hatte er Zeit, das Verhältnis zu seinen Mitmenschen neu zu ordnen, für begangenes Unrecht bei den Betroffenen um Vergebung zu bitten, unrecht erworbenes Gut zurückzugeben, d.h. alle entstandenen Mißverhältnisse zu beseitigen, denn er weiß: „Sühne zu schaffen, das ist der Dienst des Versöhnungstages" (Talmud).

Deshalb ist dies eine wesentliche Vorbedingung für den *Jom Kippur*, daß der Mensch selbst Heil schafft, bevor er Heil von seinem Gott erfahren darf. In der rabbinischen Lehre wird über den *Jom Kippur* gesagt: „Sünden zwischen Menschen und Gott sühnt der *Jom Kippur*, Sünden zwischen dem Menschen und seinen Mitmenschen sühnt der *Jom Kippur* nicht" (Talmud).

Neun Bußtage sind vorübergegangen. Sie waren gefüllt mit dem Mühen der Selbstprüfung, der Sündenerkenntnis, der Reue und den Versuchen der Wiedergutmachung. War es genug? War alles erkannt? War alles an- und ausgesprochen, was zu sagen und zu bekennen notwendig war? Bleibt nicht ein Rest des Unerkannten, des in Vergessenheit oder Unwissenheit Versunkenen? „Wenn du, Herr, willst Sünden zurechnen, wer wird bestehen?" (Ps 130,3), und „wer kann erkennen, wie oft er fehlet? Verzeihe mir die verborgenen Sünden" (Ps 19,13).

In der Furcht vor Gott

An *Jom Kippur* vor Gott stehen, ist nur in der Furcht möglich. Sie legt sich — in Israel deutlich erfahrbar — wie eine schwere Wolke auf das Volk. Die Straßen sind leer. Alle Arbeit ruht. Auch die säkularisiert lebenden Juden, die dem Glauben gleichgültig gegenüberstehen, haben sich in den Synagogen eingefunden. Das gilt auch für die Diaspora. Ein ganzes Volk hat sich unter dem Thron des Ewigen versammelt und bekennt: „Wir haben uns verschuldet, waren treulos, haben geraubt, haben Böses geredet, haben gefehlt und gefrevelt, waren übermütig, waren gewalttätig, haben Lügen erdichtet, haben schlechten Rat erteilt, haben gelogen, gespottet, haben uns empört, haben geschmäht, waren widerspenstig, handelten tückisch, waren frevelhaft, handelten feindselig, waren hartnäckig, waren Frevler, waren verderbt, verübten Greueltaten, gingen irre und haben irregeführt. Wir sind von deinen Geboten gewichen und deinen guten Satzungen, doch es hat uns nicht gefrommt. Du aber bist gerecht in allem, was über uns gekommen, denn du übst Wahrheit, wir aber haben gefrevelt. Was sollen wir vor dir sprechen, der du in der Höhe thronst, und was vor dir bekennen, der du im Himmel wohnst, fürwahr alle Geheimnisse und alles Offenkundige kennst du. Du kennst die Geheimnisse der Welt und das Verborgenste und Verhüllteste alles dessen, was lebt . . .“ (Jüd. Gebetbuch).

Der fromme Jude weiß, daß Sünde die tödliche Bedrohung des Lebens ist, auch und erst recht des Lebens vor Gott. Deshalb stehen die Männer im Bethaus, angetan mit dem weißen Totenkittel oder dem Gebetstuch (*Tallit*), das auch ihren Leib im Grab bedecken wird, und bekennen u.a.: „Seit Anbeginn überschaust du alles, keiner kann sich vor deinen Augen verbergen, keiner sich vor dir verstecken, denn alles überschauen deine Augen! Dir ist offenbar, daß der Mensch ein Gebilde aus Ton ist, Eitelkeit der Eitelkeiten, ein verwehtes Blatt, dürres Stroh, eine irdene Scherbe, für nichts gerechnet, so ist er Asche, . . . Schmach, Verwesung, . . . in Schuld gezeugt, in Sünde geboren; und das Sinnen seines Herzens ist böse von Jugend auf . . .“

Schuld daran ist — so wird in diesem Gebet weiter bekannt

— der „böse Trieb", der sich in die Seele des Menschen einnistet und ihn verstrickt in tausend Fallen. Um ihm und seiner Verführungskraft entgegenzuwirken, hat Gott von Anbeginn den Versöhnungstag geschaffen: „Darum hast du schon vorher Heilung geschaffen und Genesung, lässest gesunden das Schwache und Kranke, hast Balsam vorbereitet und Verband für die offenen Wunden . . . hast diesen Tag eingesetzt zur Verzeihung und Vergebung, daß man flehend vor dich hintrete und du uns Reinheit und Entsündigung gewährst, die Schuld zu versenken in die Tiefen der Flut, zu vergeben Frevel und Untreue!" (Gebetbuch zum Versöhnungstag).

Tag der Sühnungen

Jom Kippur — der Name des Tages steht eigentlich im Plural — *Jom ha-Kippurim*, was „Tag der Sühnungen" heißt. Gemeint ist, daß Umkehr, Reue und Gebet als Sühne des Sünders Gott erreichen mögen und Gott daraufhin Sühne schafft, indem er Verzeihung und Vergebung gewähren wird. Denn Sühne des Menschen wird die Versöhnung Gottes bewirken. So heißt es im Talmud: „Bedeutend ist die Buße, sie bringt Heilung in die Welt, denn sie erreicht den Thron der Herrlichkeit". Und es wird gebetet: „Im Buche des Lebens, des Segens und Friedens und der gesegneten Erhaltung möge unser gedacht und wir vor dir eingeschrieben werden, wir und dein ganzes Volk Israel . . . So sei es dein Wille, Ewiger, unser Gott und Gott unserer Väter, uns zu verzeihen alle unsere Sünden, uns zu vergeben alle unsere Missetaten und uns zu sühnen von all unseren Freveln" (Gebetbuch zum Versöhnungstag).

Wie alle Tage im jüdischen Kalender abends beginnen, so beginnt der Versöhnungstag am Vorabend zum 10. Tischri. Auch wenn er meistens nicht auf einen Schabbat fällt, gilt der *Jom Kippur* als Schabbat aller *Schabbatot*, als größter und heiligster Tag des jüdischen Volkes und wird im Volksmund kurz „Der Tag" genannt. Als einziger von allen Festtagen bezieht er sich nicht auf historische Ereignisse oder auf Gegebenheiten wie Saat und Ernte, die mit dem natürlichen Ablauf des Jahres zu tun haben. Er bezieht sich allein und ausschließlich auf das Verhältnis des Menschen zu seinem Schöpfer, vor dem er sein Leben und auch das seiner Mitmenschen zu verantworten hat.

Wie jeder Schabbat beginnt auch der *Jom Kippur* mit dem Lichtsegen. Die beiden Schabbatkerzen brennen. Doch auch ein anderes Licht, übermäßig groß, ist angezündet worden. Dieses hat bis zum Ende des kommenden Tages, bis zum Ende des *Jom Kippur* bei Sternenaufgang, zu leuchten. Es gilt dem Gedenken der Toten, denn auch sie sind jetzt dabei, sind anwesend im Denken und in der Erinnerung der Lebenden, auch an das, was einst an ihnen versäumt oder verschuldet wurde. Sie gehören mit zur *Jom-Kippur*-Gemeinde. „Es möge Vergebung finden die ganze Gemeinde Israel und auch der Fremde unter uns! . . . Gepriesen seist du, Ewiger, unser Gott, König der Welt, der uns hat erleben lassen, der uns hat bestehen lassen, der uns gebracht hat in diese Zeit."

Dieses Segenswort ist eigentlich das Leitmotiv für den ganzen *Jom Kippur*. In der Synagoge hat man sich versammelt, und der *Chasan* (Vorbeter) beginnt den längsten aller Abendgottesdienste Israels mit der Einstimmung und dem feierlichen Gesang des *Kol Nidre*. Übersetzt heißt *Kol Nidre* „alle Gelübde". Sein Inhalt ist die Bitte, daß Gott die hier Versammelten befreien möge von allen Gelöbnissen, die man in der Not oder in der Freude, in Sehnsucht und Erwartung oder in Angst und Verzweiflung vor Gott ausgesprochen hat und dann doch nicht halten konnte. Gemeint sind dabei — und das muß besonders betont werden — nur die Gelübde, die zwischen dem Menschen und Gott anstehen, die er für sich selber gelobt hat und die Recht und Anspruch keines anderen Menschen berühren.

Hier hat der Antisemitismus den Juden immer Unrecht getan, wenn er ihnen beim *Kol Nidre* andere Motive unterschob.

Kol Nidre, das dem ganzen Abend des 9. Tischri seinen Namen gab, ist nicht das wichtigste Gebet, aber es ist der Eingang zum *Jom Kippur* für die gottesdienstliche Gemeinde in der Synagoge. Es wird vom *Chasan* in einer alle ergreifenden und durchdringenden Melodie gesungen, die dann auch Eingang in die Konzertsäle fand. Am bekanntesten wurde das Werk von Max Bruch: „Kol Nidrei für Cello und Orchester".

Tag des Fastens

Vor Beginn des *Kol-Nidre*-Abends hat man am Nachmittag seine letzte Mahlzeit eingenommen. Speise und Trank wird man erst dann wieder zu sich nehmen, wenn nach 24 bis 26 Stunden der Jom Kippur sein Ende, d.h. seinen Ausklang gefunden hat. Die Gläubigen werden mit dem Ton des *Schofars* aus der Synagoge entlassen. Zu Hause begeht man *Hawdala* (Schabbatausgang) mit der im Wein verlöschenden Kerze.

Von solchem Fasten sind die Schwerkranken, kleine Kinder und Wöchnerinnen ausgenommen. Alle anderen haben sich an das strenge Fastengebot zu halten, dürfen darüber hinaus weder baden noch sich waschen, keine Kosmetika benutzen, sich keinen Genuß gönnen und auch keine Lederschuhe tragen. Mit dem großen Gebetbuch für den Versöhnungstag und seinen langen, ausführlichen Gebeten, Sündenbekenntnissen und Bußbezeugungen verbringt der Jude in der Gemeinde die Stunden des *Jom Kippur* vom frühen Morgen bis zum Abend, wenn die Sterne sichtbar werden und das *Neila* — oder Schlußgebet — gesprochen ist.

In der Toralesung zum Morgengottesdienst des *Jom Kippur* kommt Jes 58 zu Wort, wo die eigentliche, von Gott gewollte Bedeutung des Fastens aufgezeigt wird. Denn das Fasten am

Versöhnungstag will ein Zeichen sein für die Verzichtshaltung des Menschen vor Gott um des Nächsten willen: „Löse die Bande des Unrechts, befreie die Unterdrückten, gib den Gefangenen die Freiheit, zerreiße jedes Joch. Brich dem Hungrigen dein Brot, und die im Elend ohne Obdach sind, führe in dein Haus. Wenn du einen nackt siehst, so kleide ihn, und wende dich nicht von deinem Fleisch und Blut. Dann . . . wird sich deine Heilung schnell vollziehen, und es geht vor dir her deine Gerechtigkeit, und die Herrlichkeit des Herrn nimmt dich auf."

Die *Mussaf*-Lesung (Zusatz-Lesung) und die damit verbundenen Gebete haben die Einsetzung des Versöhnungstages für Israel und den hohepriesterlichen Dienst in der Stiftshütte (3 Mose 16) zum Inhalt.

So bleibt die Erinnerung an den Tempel und seinen Sühnedienst im Opfer der jüdischen Gemeinde bewußt: Hier mußte Leben geopfert werden, damit Gott Leben erhalten kann. Hier mußte Blut vergossen werden, damit der Mensch und das Volk Israel wieder rein werde von seinen Sünden. „An *diesem* Tage geschah Entsühnung." So lesen wir am Ende des 16. Kapitels im 3. Buch Mose: „Dies soll euch eine ewige Ordnung sein: Am zehnten Tag des siebten Monats sollt ihr fasten und keine Arbeit tun, weder ein Einheimischer noch ein Fremdling unter euch. Denn an diesem Tage geschieht eure Entsühnung, daß ihr gereinigt werdet; von allen euren Sünden werdet ihr gereinigt vor dem Herrn. Darum soll es euch ein hochheiliger Schabbat sein, und ihr sollt fasten. Eine ewige Ordnung sei das . . ., daß ihr Israel einmal im Jahr entsühnt wegen aller seiner Sünden."

Tempel und Synagoge

Die Gebete, die die Erinnerung an den Tempel und seinen Opferdienst beinhalten, enden im Schmerz über dessen Verlust. Denn im Jahr 70 n. Chr. wurde der Tempel zerstört, und die

Opferfeuer erloschen. Der Dienst des Heiligtums besteht nicht mehr. Und so heißt es weiter im Gebet: „Wir haben nach einer Sühne ausgeschaut, haben aber keine gefunden, denn die Opfer haben aufgehört, verschwunden ist der Priester, der reinigt und sühnt; laß uns Sühne finden und reinige uns, wie in deiner Lehre geschrieben: An *diesem* Tage wird er sühnen!"

An die Stelle des dreimaligen Opferdienstes im Tempel trat nun der dreimalige Gebetsdienst für jeden Tag. Das trifft auch für jeden Schabbat zu, ganz besonders aber für den *Jom Kippur*. Wer das jüdische Gebetbuch für den Versöhnungstag kennt, der wird von seinem Inhalt, der schier endlosen Länge der Gebete und der Tiefe ihrer Aussagen großen Respekt bekommen.

Es gibt jüdische Menschen unter den Frommen, die sich der Ersatzfunktion des Versöhnungstages nach der Tempelzerstörung bewußt sind. Sie lieben ihren *Jom Kippur*, der von dem hebräischen Wort *Kaper* auch als „Tag der Bedeckung" bezeichnet werden kann („der uns alle unsere Sünden bedeckt", Ps 32 und 85), und sie hoffen darauf, daß der Tempeldienst in den Tagen des Messias wieder aufleben wird. Das wird ein Dienst sein, an dem dann in Vollkommenheit auch die Völker teilhaben dürfen.

Bis zu den Tagen der Erfüllung aber wird es Israel vorbehalten sein, seinen *Jom Kippur* stellvertretend für die Völker zu begehen. Denn auch sie stehen wissend oder unwissend vor dem Herrn, dem Weltenrichter, sind der Buße und der Vergebung bedürftig. Deshalb wird am Nachmittag des *Jom Kippur* im *Mussaf*-Gottesdienst der Prophet Jona gelesen, der zu Ninive gesandt wurde, damit die nicht-jüdischen Menschen dieser Stadt durch Umkehr und Reue gerettet werden können.

Wenn sich am Abend die Tore des *Jom Kippur* schließen, wie einst die Tempeltore, dann werden auch bei Gott die Bücher über die Schicksale der Menschen geschlossen. Was Gott bis zum nächsten Jahr bestimmt hat, das wird sich im Leben jedes einzelnen erweisen, und doch ist es, als ob dem, der sich in Reue und Buße vor Gott bemühte, eine Last genommen ist. Mit dem stillen Glanz des Friedens auf dem Antlitz zieht so mancher fromme Jude aus der Synagoge und grüßt seinen Nächsten mit dem Wunsch, daß er zu allem Guten eingeschrieben werde und ein „Gut Jahr" erleben möge.

Erlösung für Juden und Christen

Jom Kippur, der Tag, der für Juden Sühne schafft und deshalb auch Vergebung und Erlösung — so verstehen ihn heute modern-religiöse Juden, die in der Entwicklung und Entfaltung der rabbinischen Lehre eine Überwindung des Tempel- und Opferdienstes in ihrem Volk sehen. Für sie gilt, daß der Mensch, der Sühne schafft, auch Versöhnung empfangen wird. Deshalb bedarf es für Israel keines stellvertretenden Sühneleidens durch einen „Erlöser".

Dennoch hat es zu allen Zeiten jüdische Menschen gegeben, deren verängstigte Gewissen sich weder so noch anders beruhigen ließen und denen sehr wohl bewußt war, daß der *Jom Kippur* zwar mit Vergebungshoffnung endet, aber nicht mit Vergebungsgewißheit. „Sühne zu schaffen, das ist der Dienst des Versöhnungstages!" Aber es heißt auch im Talmud: „Die Sühne erfolgt *nur* durch das Blut", und im 3 Mose 17,11: „Das *Blut* ist die Versöhnung, weil das Leben in ihm ist." Darauf verweist auch der Hebräerbrief im Neuen Testament: „Ohne Blutvergießen geschieht keine Vergebung" (Hebr 9,22).

Wir Christen glauben und bekennen, daß solches Blutvergießen ein für allemal geschah durch das Blut des „Lammes, das der Welt Sünde trägt", und daß dies das Angebot Gottes bleibt nach dem Verlöschen der Opferfeuer und dem Ende des Tempeldienstes in Jerusalem. Dieses Opfer anzunehmen, heißt für uns: Leben! Deshalb „bitten wir an Christi Statt: Lasset euch versöhnen mit Gott!" (2 Kor 5,20).

Der *Jom Kippur* endet für die jüdische Gemeinde mit der Vergebungshoffnung, die sich am Ende der Zeiten im Gericht Gottes bewähren wird. Er endet nicht mit der Vergebungsgewißheit im Namen Gottes. Solches wird der Gemeinde nicht zugesprochen. Das aber ist es, so wird uns von jüdischen Christen bezeugt, was sie unter ihrem Herrn als Grunderfahrung ihres Lebens für ihre Heilsgewißheit gefunden haben, nämlich den Zuspruch: „Dir *sind* deine Sünden vergeben!"

Dennoch bleibt der *Jom Kippur* für Christen eine beunruhigende Frage: Erleben wir noch in unseren Gottesdiensten die tiefe Betroffenheit in der Erkenntnis persönlicher Schuld, in der schmerzhaften Reue und dem ehrlichen Willen zur Umkehr? Wissen wir noch, was Gericht Gottes ist oder sein kann in unserem Leben und dem unseres Volkes? Denn nur die in redlicher Selbstprüfung geweckte Betroffenheit kann die Befreiung durch den Zuspruch erfahren: „Dir sind deine Sünden vergeben!" Glaubensgewißheit: Für sie bürgt allein der Opfertod Jesu Christi denen gegenüber, die sein Opfer für ihr Leben annehmen.

Sukkot — Fest der Laubhütten

Gemeinde Gottes ist unterwegs

Als letztes der drei Wallfahrtsfeste (*schalosch regalim*) feiert Israel *Chag Ha-Sukkot*, das Fest der Laubhütten. Acht Tage lang wird es gefeiert, entsprechend der ursprünglichen Forderung, alle über 20 Jahre alten Männer sollen nach Jerusalem ziehen, um dort Sukkot zu begehen (2 Mose 23,14-17).

Sukkot beginnt am 15. Tag des siebten Monats (*Tischri*) und endet mit dem Schlußfest am achten Tag, dem *Schemini Azeret*, das eigentlich als selbständiges Fest gilt. 15 Tage vor Beginn von *Sukkot* feiert Israel *Rosch Haschana*, den Neujahrstag und nach den dann anschließenden Bußtagen *Jom Kippur* (Versöhnungstag), fünf Tage vor *Sukkot*.

Wie *Pessach* (Passahfest) und *Schawuot* (Wochen- oder Pfingstfest) ist auch *Sukkot* ein Erntedankfest (2 Mose 23,16; 34,22: „Fest der Einsammlung — der Ernte —, wenn das Jahr um ist"). Aber wie die anderen Wallfahrtsfeste, so hat auch *Sukkot* noch eine weitere Bedeutung, die auf den Beginn der nationalen Einheit Israels zurückgeht.

Die Zeit unserer Freude

Ein landwirtschaftliches Jahr ist zu Ende gegangen. Die Ernte, besonders die Wein- und Obstlese, ist eingebracht. Die Arbeit auf der Tenne und in der Kelter ist beendet worden. Die Bußtage sind vorüber und mit Jom Kippur ist dem Volk der Zuspruch der Versöhnung mit Gott angeboten worden. Was jetzt bleibt, ist die Freude des Dankes. Deshalb hat *Sukkot* seine besonders festliche und freudige Note: *Seman şimchatenu* — die Zeit unserer Freude! (3 Mose 23,40; 5 Mose 16,14).

Schon zur Zeit des Tempels zeigte sich der besondere Glanz des Festes, wenn am Schluß des ersten Tages der Tempelhof im Licht der goldenen Kandelaber aufleuchtete. Inmitten einer freudig bewegten Menge schritten die Leviten über die 15 Stufen vom Männer- zum Frauenhof, wo eine Festversammlung stattfand. Auf jeder Stufe wurde von den Wallfahrtsliedern (Ps 120 — 134) gesungen, bei jedem Schritt zur nächsten Stufe das *Schofar* (Widderhorn) geblasen. Bei Sonnenaufgang führte eine Prozession zum Teich Siloah, um Wasser zu schöpfen, das dann nach der Rückkehr über den Tempelaltar gegossen wurde.

Zum Sukkotfest gehören zwei Symbole: der Feststrauß und die Laubhütte.

Der Feststrauß

Der Feststrauß besteht aus dem *Lulav* (einem Palmwedel), dazu drei Myrthenzweige oder Äste von dichtbelaubten Bäumen und zwei Bachweidenzweige, die zusammengebunden und in der rechten Hand getragen werden. In der linken Hand hält man den *Etrog,* eine Zitrusfrucht. Diese „vier Arten" des Feststraußes gaben ihm denn auch seinen hebräischen Namen: *Arbaa minim.*

Sie symbolisieren das, was uns Gott Jahr für Jahr als „Frucht des Feldes" gibt, damit wir leben können. Daß dabei die Zweige schattenspendender Bäume eine besondere Rolle spielen, wird verständlich, wenn man an die klimatischen Verhältnisse des jüdischen Landes am Rande der Wüste denkt. Ebenso, wenn, wie beim Wasserschöpfen und -gießen, im Tempelkult um ausreichende Niederschläge in der bevorstehenden Regenzeit gebetet wird. Schließlich wurde auch der Name des Palmzweiges (*Lulav*) auf den dreiteiligen Strauß zur Rechten übertragen, wie es im Segensspruch heißt: „Gelobt seist du, Ewiger, unser Gott, König der Welt, der uns durch seine Gebote geheiligt und uns befohlen hat, den *Lulav* zu erheben!"

An den Tagen des Hüttenfestes, ausgenommen am Schabbat, finden, wie einst um den Tempelaltar, feierliche Umzüge der Männer in der Synagoge statt, die in ihren Händen *Lulav* und *Etrog*, beides dicht nebeneinander gehalten, tragen. In vielen Gemeinden wird die Torarolle dem Umzug vorausgetragen. Vorbeter und Gemeinde singen dabei das *Hoscha-na*, wobei *Lulav* und *Etrog* immer wieder geschüttelt und in bestimmten Richtungen geschwungen werden. Das soll zuerst ein Zeichen dafür sein, daß die ganze Erde dem Herrn gehört und daß sie allein von seinem Segen lebt. Am siebten Tag geschieht der Umzug siebenmal. Darum trägt der siebte Tag des Sukkotfestes den Namen *Hoschana Rabba* (das große Hoschana).

Die Laubhütte

Das Symbol aber, das dem Fest den Namen gab, ist die Laubhütte. Sie wird von jüdischen Familien überall dort errichtet, wo dies unter freiem Himmel möglich ist: im Garten oder im Hof, auf dem Balkon oder Dach des Hauses. Für Gemeindeglieder, die aufgrund ihrer Wohnverhältnisse keine Hütte bauen können, steht eine solche im Vorhof oder in einem Nebenraum der Synagoge zur Verfügung.

Die Laubhütte (*Sukka*) wird nach bestimmten Anweisungen und Maßen gebaut. Als Material soll „aus dem Boden Gewachsenes" verwendet werden: Holzlatten, Äste, Zweige, Schilf, Blätter usw. Dabei ist das Dach der Hütte besonders wichtig. Es muß so gebaut sein, daß man von unten zwar hindurchblicken, also den Himmel sehen kann, aber doch so, daß mehr Schatten als Sonne in der Hütte ist. Die Hütte wird geschmückt mit Blumen, Früchten und Blumengirlanden. In einer solchen Hütte verbringt die jüdische Familie mit ihren Gästen die meiste Zeit von *Sukkot*, gemäß dem Gebot aus 3 Mose 23,42f: „In Laubhütten sollt ihr wohnen, sieben Tage; alle Einheimischen in Israel sollen in Hütten wohnen, damit eure Nachkommen wissen, daß ich die Kinder Israel habe in Hütten wohnen lassen, als ich sie aus Ägypten führte . . .“. In den sieben Tagen wird dieser provisorische Bau zum Wohnsitz und die sonst benützte Wohnung zum Provisorium: ein Zeichen von größter Bedeutung für den jüdischen Glauben. Er weiß von der Vergänglichkeit dieser Welt und des Lebens. Flüchtig ist alles, und die Zeit verrauscht. Wer auf das Zukünftige, auf das Ewige baut, kann und darf hier nichts halten. Der Mensch ist unterwegs und sollte das nicht vergessen. Es gehört zur Bestimmung des jüdischen Volkes, daß es dem kommenden Heil, der zukünftigen Welt entgegenzieht, wie einst die Väter in der Wüste, als sie Kanaan entgegenzogen. Dabei ist Israel ein Volk, das in der Unsicherheit und Vergänglichkeit einer Welt lebt, angewiesen auf die Gewißheit des Glaubens an die Führung Gottes als die einzige „Sicherheit“, mit der wir auch im Unglück und Leid leben können. Deshalb hat es seinen Sinn, wenn z.B. am achten Tag des Festes in der Andacht des Gottesdienstes aus dem Buch Kohelet (Prediger) gelesen wird, wo es heißt: „Alles ist eitel . . . Was hat der Mensch für Gewinn von all seiner Mühe, die er hat unter der Sonne? Ein Geschlecht vergeht, das andere kommt . . .“.

Zu den besonderen Lesungen am ersten Tag des Festes gehören 3 Mose 22,24-23,14 und 4 Mose 29,12-16. Danach folgt Sach 14, in dem in einer großartigen Vision u.a. eine Zeit des Friedens geschildert wird, in der einmal alle Völker teilhaben dürfen am Laubhüttenfest Israels, um mit ihm zusammen Gott anzubeten.

In 4 Mose 29,12ff werden als Opfergabe für die sieben Tage Sukkot insgesamt 70 Jungstiere gefordert. Damit erhält Sukkot universalen Charakter, denn nach alter jüdischer Auffassung gilt die Zahl 70 für die Völker der Welt. Israels Tun geschieht hier stellvertretend für die Völker, denn mit der Erwählung trägt Israel immer auch Verantwortung für die Welt, gemäß seiner Bestimmung als „Knecht Gottes", ein Licht für die Heiden, für die Welt zu sein (Jes 42,6; 49,6). Von hier aus besteht ein Zusammenhang mit der Lesung von Sach 14, nach dem sich die Bestimmung Israels zu „seiner Zeit" erfüllt, wenn der Herr „König sein wird über alle Lande" und *Sukkot* von allen Völkern zusammen mit Israel gefeiert wird.

Hoffnung auf Erlösung

Anders als *Pessach* und *Schawuot* leitet sich von *Sukkot* kein christliches Fest ab. Für Christen erfüllt sich *Pessach* im Kreuz und in der Auferstehung Jesu, in *Schawuot* die Gabe Gottes im Heiligen Geist. Mit *Sukkot* aber verbindet uns die Hoffnung auf eine universale Erlösung dieser Welt, die mit der Wiederkunft Christi vollendet werden wird. Eingeleitet wurde sie bereits mit dem Opfer Jesu, der sich nicht nur stellvertretend für Israel, sondern auch für die Welt hingab.

Dadurch erfüllte er die Bestimmung Israels, die Bestimmung als „Knecht Gottes". So mündet Israels Selbstverständnis, das Verständnis seines Glaubens und seiner Bestimmung, immer wieder in die Person des einen Juden, bei dem Israel zu sich und zu Gott finden kann. Das war die Verkündigung der urchristlichen Gemeinde im jüdischen Volk, und das ist gültige Botschaft einer Kirche für Israel, wie sie auch heute noch von jüdischen Christen verstanden wird.

In der Apg lesen wir, daß Gott erfüllt hat . . ., daß sein Christus leiden sollte. So wendet euch nun zu ihm (durch Buße und

Bekehrung), „damit da komme die Zeit der Erquickung vor dem Angesicht des Herrn, und er den euch vorherbestimmten Christus Jesus senden wird, welchen der Himmel aufnehmen muß bis auf die Zeit der Wiederherstellung alles dessen, wovon Gott geredet hat durch den Mund seiner heiligen Propheten vom Anbeginn der Welt her" (Apg 3,20f).

Die Hütte Gottes bei den Menschen

Am Vorabend des Sukkotfestes, wenn jüdische Menschen der Weisung Gottes folgend ihre Laubhütten aufsuchen, sprechen sie ein Gebet, in dem es u.a. heißt: „Möge es dein Wille sein, o mein Gott und Gott meiner Väter, zu veranlassen, daß deine heilige Gegenwart unter uns wohnt, und mögest du die Laubhütte deines Friedens über uns ausbreiten."

Wir Christen teilen mit Israel die Hoffnung, daß zu seiner Zeit Gott selbst der Vorläufigkeit und dem Ungenügen dieser Welt ein Ende bereiten wird. Daß weltumspannender Friede verwirklicht wird, daß Leid und Not ein Ende haben, wenn die Völker „aus Schwertern Pflugscharen" werden lassen und die Visionen der Propheten Israels vom Frieden Gottes ihre Erfüllung finden.

„Siehe da, die Hütte Gottes bei den Menschen!
Und er wird bei ihnen wohnen, und sie werden
sein Volk sein, und er selbst, Gott, wird mit ihnen sein, —
und Gott wird abwischen alle Tränen von ihren Augen,
und der Tod wird nicht mehr sein, noch Leid noch Geschrei
noch Schmerz wird mehr sein" (Offb 21,3f).

Bis dahin aber ist die Gemeinde Gottes unterwegs. Solches Unterwegssein erlaubt es ihr nicht, sich auf dieser Erde einzurichten. Gemeinde Gottes baut nicht für die Ewigkeit, sondern sie geht ihr entgegen. „Wir haben hier keine bleibende Stadt, sondern die zukünftige suchen wir" (Hebr 13,14). Mit dieser

Hoffnung bleiben wir „Fremdlinge" in der Welt, als Wanderer unterwegs (1 Petr 2,11) und erwarten mit der Wiederkunft Christi die Vollendung dieser Welt und unseres Lebens. Deshalb schließt das Neue Testament mit der Bitte: „Amen, ja komm, Herr Jesus!" (Offb 22,20).

Der siebte Tag von *Sukkot*

Höhepunkt des Sukkot-Festes ist der siebente Tag, der *Hoschana Rabba* (großes Hoschana) genannt wird. Er ist auch ein Gerichtstag, weil sich an ihm die Gerichtsentscheidungen, die mit *Rosch Haschana* begannen, mit der Gewährung von Regen und Fruchtbarkeit vollenden werden.

Wie am Vorabend zu *Schawuot* sammeln sich fromme Juden, um die Nacht über im Gebet zu verweilen. Am Morgen werden Jom Kippur-Lichter angezündet, wie auch andere Bräuche an *Jom Kippur* (Tag der Versöhnung) erinnern: In der Synagoge trägt mindestens der *Chasan* (Vorbeter) den Totenkittel, der Vorhang (*Parochot*) des Toraschreines und die Mäntel der Torarollen tragen die weiße Farbe. Die Umzüge in der Synagoge finden nun siebenmal statt und nicht nur einmal, wie an den anderen Tagen von *Sukkot*. Dann erfüllt man den Brauch des „Hoschana-Schlagens". Dabei werden fünf Zweige der Bachweide zu einer „*Hoschana*" zusammengebunden und solange geschlagen, bis die Ruten ohne Blätter sind. Das gilt als Zeichen einer Bitte: Damit alles Übel von uns genommen werde! *Hoschana* — Hilf doch!

Der achte Tag des Sukkotfestes heißt *Schemini Azeret*, Beschlußfest. Er gilt als selbständiger Feiertag und war ursprünglich für die in Jerusalem versammelten Pilger ein Abschied vom Tempel und von der Stadt.

Noch einmal versammelt man sich zu einer oder zu mehreren Mahlzeiten in der *Sukka*, der Laubhütte. In der Synagoge zeigt sich wiederum der Ernst des Tages in den weißen Farben wie am Vortag. Im *Mussaf* (Zusatz zum Morgengebet) wird von nun an bis zum ersten Tag *Pessach* nicht mehr um Tau, sondern um Regen gebetet. Da nun die Regenzeit im Israelland beginnt, wird diese Bitte zu einem zentralen Thema des Gottesdienstes: Der Herr möge dem Winde befehlen, zur rechten Zeit den Regen zu bringen, uns zum Segen und nicht zum Fluch, zum Leben und nicht zum Tode, zur Sättigung und nicht zum Mangel.

Mit *Schemini Azeret* wird also *Sukkot* beendet. Gleichzeitig aber leitet es über zu einem nächsten Festtag, der wie das Beschlußfest als voller und selbständiger Feiertag gilt: *Simchat Tora*.

„Ein jegliches hat seine Zeit,
und alles Vorhaben unter dem Himmel hat seine Stunde:
geboren werden hat seine Zeit, sterben hat seine Zeit;
pflanzen hat seine Zeit, ausreißen, was gepflanzt ist,
hat seine Zeit;
töten hat seine Zeit, heilen hat seine Zeit;
abbrechen hat seine Zeit, bauen hat seine Zeit;
weinen hat seine Zeit, lachen hat seine Zeit;
klagen hat seine Zeit, tanzen hat seine Zeit;
Steine wegwerfen hat seine Zeit,
Steine sammeln hat seine Zeit,
herzen hat seine Zeit, aufhören zu herzen hat seine Zeit;
suchen hat seine Zeit, verlieren hat seine Zeit;
behalten hat seine Zeit, wegwerfen hat seine Zeit;
zerreißen hat seine Zeit, zunähen hat seine Zeit;
schweigen hat seine Zeit, reden hat seine Zeit;
lieben hat seine Zeit, hassen hat seine Zeit;
Streit hat seine Zeit, Friede hat seine Zeit.
Man mühe sich ab, wie man will,
so hat man keinen Gewinn davon.
Ich sah die Arbeit, die Gott den Menschen gegeben hat,

daß sie sich damit plagen. Er hat alles schön gemacht zu
seiner Zeit, auch hat er die Ewigkeit in ihr Herz gelegt;
nur daß der Mensch nicht ergründen kann das Werk, das
Gott tut, weder Anfang noch Ende.

Denn: „Alles, was Gott tut, das besteht für ewig;
man kann nichts dazutun noch wegtun.

Das alles tut Gott, daß man sich vor ihm fürchten soll"
(Pred 3).

Simchat-Tora — Tora-Freudenfest

Das Laubhüttenfest (*Sukkot*) ging zu Ende. Acht Tage haben wir es gefeiert im Gedenken daran, daß Gott uns bestimmt hat, ein Volk zu sein, das unterwegs ist. Einst zogen unsere Väter durch die Wüste mit dem Ziel, das verheißene Land zu erreichen in der von Gott dafür bestimmten Zeit. Doch darüber hinaus lebt Israel auf ein noch größeres Ziel hin: das Friedensreich Gottes mit dem messianischen Heil als Schalom für Israel und für die Völker.

Acht Tage lebten wir in der *Sukka*, der Laubhütte. Dort schliefen wir, wenn es die Witterung erlaubte. Dort aßen und tranken wir mit der Familie und mit unseren Gästen. Durch die Zweige sahen uns die Sterne an und der Mond. Vor der Glut der Sonne gab sie uns Schatten. Mit dem Leben in der *Sukka* wurde uns erneut die Vorläufigkeit unseres Lebens in dieser Welt bewußt, denn die Gestirne des Himmels werden bleiben, wenn wir nicht mehr sind. Leben ist Vorläufigkeit, und jede Generation reiht sich ein in den großen Zug unseres Volkes, der sein Ziel noch immer nicht erreicht hat.

Mit den letzten beiden Tagen von *Sukkot*, dem *Hoschana Rabba* (Tag des Gerichtes) und dem *Schemini Azeret* (Schluß-fest) wurden wir konfrontiert mit der kommenden, auf uns zu-kommenden Welt, die sich ohne Gottes Gericht über uns und die Welt nicht ereignen wird. Deshalb tragen diese Tage den Ernst von Jom Kippur und den vor ihm liegenden Bußtagen.

Freude an der Tora

Aber nun beginnt der neunte Tag, der noch einmal ein Festtag ist. Nach all dem Ernst der Tage, die uns vor Gott als dem Herrn unseres Volkes und dem Richter unserer Sünden stellten, wird dieser Tag Freude sein. Freude darüber, daß sich der ewige, große Gott, Schöpfer Himmels und der Erde, auch zu unserem kleinen Israel bekennt, daß er uns erwählt hat, sein Volk zu sein. Freude darüber, daß er uns durch die Geschichte dieser Welt führt und erhält, daß er uns seinem Ziel entgegenführt und von uns nicht lassen will. Auf diesem Weg und für unser Unterwegssein gab er uns eine Wegzehrung mit, die uns Kraftquelle ist zu jeder Zeit. Sie war es in den Zeiten des Leidens, der Pogrome, als die Wellen des Todes über uns zusammenschlugen. Sie stärkte uns in den kurzen Tagen der Freude, wurde uns Trost und Hilfe, gab uns Mut und Gelassenheit, stärkte unseren Glauben und ließ uns festhalten an der Hoffnung Israels. Diese köstliche Gabe empfingen wir von Gott durch Mose im Sinai: die Tora.

In ihr offenbarte uns Gott seinen Willen und unsere Bestimmung. In ihr erkennen wir die Heiligkeit seines Wesens. Mit der Tora zu leben, heißt mit Gott zu leben, aber auch für Gott zu leben. Mit der Tora zu leben, heißt noch mehr: in einer dunklen und vor Gott verlorenen Welt Zeuge zu sein für eine andere Welt, wie Gott sie will, heißt leben im Tag und nicht in der Nacht. Denn die Tora ist uns Weisung Gottes zum Leben.

In talmudischer Überlieferung heißt es: „Groß ist die Tora! Wer sie befolgt, dem schenkt sie das Leben in dieser Welt und auch in der kommenden Welt." Denn: „Gott hat Israel drei köstliche Gaben beschert, doch erst nach vielen Prüfungen: die Tora, das Israelland und die zukünftige Welt."

Die Tora ist uns der Weg zum Leben in der zukünftigen Welt, denn „in der Todesstunde des Menschen begleiten ihn weder Silber noch Gold, nicht Edelsteine noch Perlen, sondern einzig

Tora und gute Werke. Denn es ist gesagt: ‚Wenn du dahingehst, wird sie dich führen, wenn du dich niederlegst, über dich wachen, wenn du aufstehst, wird sie dich anreden.'" „Wenn du dahingehst, wird sie dich führen" — in dieser Welt! „Wenn du dich niederlegst, wird sie über dich wachen" — im Grabe! „Wenn du aufstehst, wird sie dich anreden" — in der kommenden Welt. Darum: „Der Mensch, der die Worte der Tora tut, wird durch sie leben!" (3 Mose 18,5).

So ist uns die Tora in ihrer Köstlichkeit und Heiligkeit ein uns anvertrautes Pfand, dessen Größe der Größe und Heiligkeit Gottes entspricht. Ein Geschenk, das zu empfangen Dankbarkeit und Freude weckt, wie es etwa der Psalm 119 in seinen 176 Versen ausdrücken will: *Simchat Tora* ist „Freude an der Tora".

So oder ähnlich werden fromme Juden die Frage beantworten, was ihnen *Simchat Tora* bedeutet. Und dann kann es sein, daß der Fragende zu einem Gottesdienst eingeladen wird, der an diesem Tag ein beispielhaftes Zeichen für Tora-Freude sein will. Denn dieser Gottesdienst trägt nicht mehr den sonst üblichen Ernst der gottesdienstlichen Feiern, sondern die ganze Farbenpracht der Freude.

Freudenfest für alle

In sieben festlichen Umzügen um den *Almagor* (Vorlesetisch für Torarollen) werden Torarollen getragen, nachdem sie der Heiligen Lade, dem Toraschrein, enthoben wurden. Nach Möglichkeit beteiligt sich an diesen Umzügen die ganze Gemeinde, wobei die sonst üblichen Abgrenzungen keine Gültigkeit mehr haben: Männer und Frauen, Greise und kleine Kinder, Arme und Reiche. Dazu wird unter anderem gesungen: „Wir wollen jauchzen und uns der Tora freuen, denn sie gibt uns Kraft und Licht. Ein Baum des Lebens ist die Tora, denn in ihr ist die Quelle des Lebens. Wie Wasser vom Himmel, wie die

Quelle aus der Tiefe ist das göttliche Wort . . . O Herr, hilf! O Herr, laß wohlgelingen! O Herr, erhöre uns, wenn wir rufen!"

Im Rhythmus des Singens, verstärkt durch das Klatschen der Hände, werden die Körper der Feiernden ergriffen. Sie schwingen mit und bewegen sich im Tanz. Dabei wechseln die Torarollen unter den Männern, damit möglichst jeder von ihnen der Ehre teilhaftig wird, sie tragen und halten zu dürfen. Kinder ziehen voran oder hinterher, Fähnchen schwingend. So ist niemand in der Gemeinde, der nicht teil hat an der Festesfreude, wie sie in der Synagoge in solcher Stimmung und Fröhlichkeit nur einmal im Jahr möglich ist.

Tora ohne Schlußpunkt

Beim Höhepunkt des Gottesdienstes wird aus der Torarolle der letzte Wochenabschnitt gelesen. Es sind die Schlußkapitel des fünften Buches Mose (33 und 34). Da aber Gottes Weisung (Tora) — die nach der Zahl der Jahreswochen in fortlaufende Leseabschnitte eingeteilt die Gemeinde begleitet hat — für Gottes Gemeinde niemals enden kann, ist ein Schlußpunkt undenkbar.

Deshalb wird nach dem Schlußkapitel des fünften Buches Mose sofort der Anfang des ersten Buches Mose (1 Mose 1-2,3) gelesen. So werden die Toralesungen zu einem Kreislauf, dessen Ende sich wieder am Anfang anschließt und nicht aufhört, die Gemeinde zu begleiten, sie hineinzunehmen in die ewige Gültigkeit des Wortes Gottes.

Drei „Bräutigame" lesen

Der erste, der zur Schlußlesung aufgerufen wird, ist meist ein angesehener Mann in der Gemeinde. Er erhält die Ehre eines

„Bräutigams der Tora" (*Chatan Tora*). Ebenso der Mann aus der Gemeinde, dem die Ehre der Anfangslesung zuteil wird: „Bräutigam des Anfangs" (*Chatan Bereschit*). Auch der erste, der zur Lesung der *Haftara*, das ist die Lesung des Abschnittes aus den Propheten, bestimmt wurde, wird „Bräutigam der Haftara" (*Chatan maftir*) genannt. Doch darüber hinaus werden noch viele Männer zum Lesen aufgerufen, selbst Knaben, die noch nicht *Bar Mizwa* (religiöse Volljährigkeit) gefeiert haben, dürfen vor die Gemeinde treten und im Angesicht der offenen Torarollen *Berachot* (Segensworte) vortragen.

Die zur Toralesung Aufgerufenen sagen vor und nach der Lesung zwei Segenssprüche, wie sie auch sonst in den Gottesdiensten im Zusammenhang mit der Lesung gesprochen werden. Doch an *Simchat Tora* haben sie ihr besonderes Gewicht.

Vor der Lesung lautet der Spruch: „Gelobt seist du, Ewiger, unser Gott, König der Welt, der uns erwählt hat aus allen Völkern und uns die Tora gegeben. Gelobt seist du, Ewiger, der die Tora gegeben."

Nach der Lesung heißt es: „Gelobt seist du, Ewiger, unser Gott, König der Welt, der uns die Lehre der Wahrheit gegeben und uns ewiges Leben eingepflanzt hat. Gelobt seist du, Ewiger, der die Tora gegeben."

Den drei „Bräutigamen" fällt die Aufgabe zu, die Gemeinde einzuladen und zu bewirten, wobei auch reichlich genossener Wein zum Überschwang der Festesfreude beitragen darf.

Freude an der Tora, an Gottes guter Gabe, Freude an Gott, an den Verheißungen Gottes und an der Zukunft Israels, das alles gehört zu *Simchat Tora*. Und noch mehr: es gehört zum jüdischen Glauben. Denn Torafrömmigkeit ist das Wesen des jüdischen Glaubens.

„Joch der Tora"?

Tora als Weisung zum Leben, das sind nicht nur die Zehn Gebote und der in ihnen offenbarte Wille Gottes für sein jüdisches Volk. Das sind auch die in den fünf Büchern Mose niedergeschriebenen 603 *Mizwot* (Pflichten). Doch auch das, was nach der „schriftlichen Tora" (die fünf Bücher Mose) an Lehrentscheidungen in Geschichte und Tradition hinzugefügt und somit verpflichtendes Glaubensgut wurde, ist Tora.

Das ist allerdings so viel, daß es unter Umständen auch von jüdischen Menschen als Last empfunden und dann als „Joch der Tora" bezeichnet wird. Deshalb gab es zu allen Zeiten im jüdischen Volk Menschen, die Torafreude nicht ungetrübt teilen konnten, die über dem Ernst der göttlichen Forderungen und ihr daran gemessenes Leben bedrückten und geängstigten Gewissens wurden und sich nach zugesprochener und erfahrbarer Erlösung sehnten.

Manche von ihnen fanden solches bei dem, der gekommen war, um in seinem Volk „Sünder selig zu machen", das heißt zu heilen, zu retten und ihnen Sündenvergebung an Stelle des heiligen Gottes zuzusprechen. Er war gekommen, den durch die Tora von Gott geforderten Gehorsam stellvertretend für sein jüdisches Volk und für uns alle zu erfüllen (Mt 5,17). Die totale Hingabe Jesu in den Willen Gottes mit seinem Tod wurde zur Garantie des Heilswillens Gottes für Israel.

Zwischen Christen und Juden steht seitdem die Grundfrage, ob der Mensch fähig ist, den in der Tora geforderten Gehorsam vor dem heiligen Gott zu leben. Das Neue Testament, und darin besonders der Apostel Paulus, verneint solches. Die rabbinische Lehre aber will es bejahen, wenn auch mit dem Vorbehalt, daß Fehlverhalten unter Menschen nicht vermeidbar ist, aber dennoch das Erbarmen Gottes erfahrbar sein kann, wenn das Leben nach der Tora ernsthaft und mit Fleiß ausgerichtet war.

Simchat Tora, kein Fest für Christen? Doch wohl auch, denn Christen können sich freuen an der durch Jesus Christus für sie erfüllten Tora (Mt 5,17).

Aber für solche Freude müßte ihnen wohl etwas mehr und deutlicher der Ernst und die Heiligkeit des Wortes Gottes und seines Willens für ihr Leben bewußt werden. Fromme Juden könnten hierfür ein Beispiel sein.

Chanukka — das Weihe- und Lichtfest

Am 25. Kislew beginnt für jüdische Menschen das achttägige *Chanukka-* oder Weihefest. Es wird als Halbfeiertag (*Chol hammoed*) begangen. Das bedeutet, daß mit Ausnahme der in diese Zeit fallenden Schabbate werktägige Pflichtarbeit gestattet ist. Als viertgrößtes Fest gehört *Chanukka* zu den „freudigen Festen" Israels, in denen Trauer und Buße keinen Raum haben sollen.

Zur Geschichte des Festes

Der Ursprung von *Chanukka* liegt in der Geschichte Israels, in einer Zeit der schlimmsten Bedrückung und Verfolgung durch eine fremde und feindliche Macht.

Im 2. Jh. v.Chr. gehörte das jüdische Land zum Herrschaftsbereich der Seleukiden (Syrer). Auch deren Herrscher, besonders der von 176 bis 164 regierende Antiochus IV. Epiphanes (d.h. „der erschienene Gott"), lebten von der Idee eines Reiches mit nur einer alle Menschen verbindenden Religion. Hellenistische Kultur, Lebens- und Weltanschauung sollte die verbindende Klammer für alle Völker sein, die im seleukidischen Reich lebten. Dem mußten sich die Juden widersetzen.

Das führte zu Auseinandersetzungen nicht nur mit der fremden Macht, sondern auch mit den „Reformjuden", die sich den gegebenen Verhältnissen anzupassen versuchten. Weder ein Gottkönig noch Glaubens- und Lebensformen, die der Glaubens- und Lehrtradition Israels nicht entsprachen, konnten von glaubenstreuen Juden anerkannt und angenommen werden.

Dem stellte sich die seleukidische Herrschaft mit Verordnungen, Gesetzen und auch mit blutigem Terror entgegen, um den jüdischen Glauben ganz auszuschalten.

Unter Androhung der Todesstrafe wurde das Leben mit der Tora verboten. Das jüdische Lebens- und Glaubensgesetz, d.h. auch die Zehn Gebote, wurden für ungültig erklärt. Torarollen wurden öffentlich verbrannt. Die jüdischen Feste durften nicht gefeiert, der Schabbat nicht gehalten und die Opfer im Tempel nicht mehr dargebracht werden. Selbst die Beschneidung wurde verboten. Juden wurden gezwungen, an heidnischen Altären zu opfern und das Fleisch der Götzenopfer — es war meist Schweinefleisch — zu essen. Die Schätze des Tempels, darunter auch die Kultgeräte, wurden geraubt. Schließlich kam es zu einer Demonstration gegen den Gott Israels, als Antiochus IV. im Tempel in Jerusalem einen Zeusaltar errichten ließ und ungestraft in das Allerheiligste des Tempels eindrang. Das war der fensterlose Raum hinter dem großen Vorhang, in dem die Bundeslade mit den Gebotstafeln ihren Platz hatte und der nur einmal im Jahr an Jom Kippur durch den Hohepriester Israels nach dem Versöhnungsopfer betreten werden durfte (3 Mose 16).

Dieser „Greuel der Verwüstung" (Dan 11,31) geschah am 25. Kislew 167 v. Chr. und wurde zum Fanal eines nun beginnenden Aufstandes der Juden gegen die verhaßte Macht der Fremden. Besonders unter der erfolgreichen Führung von Judas Makkabäus („Hammerschläger") wurde die vielfache Übermacht des syrischen Militärs geschlagen und das jüdische Land von den Feinden befreit. Die Makkabäerbücher (sie gehören zu den Apokryphen des Alten Testaments) erzählen davon.

Am 25. Kislew 164 v. Chr., also drei Jahre nach der Schändung, wurde das Fest der Einweihung (*Chanukka*) des inzwischen gereinigten Tempels gefeiert. Acht Tage dauerte das Fest (2 Makk 10,1-8), und seine Tage waren gefüllt mit Opfern, Gebeten, Prozessionen und Lichtern. Der Höhepunkt war das

Neuanzünden des goldenen siebenarmigen Leuchters im Tempel, der nach Auffassung der toratreuen Juden nur im Heiligtum des Tempels, niemals aber in profanen Bereichen brennen darf.

Bei der Reinigung des Tempels — so erzählt es der Talmud — fand sich ein Krug mit Öl, das nicht von den Händen der Heiden berührt oder durch sie hergestellt war. Man glaubte, daß sein Inhalt nur für das Licht eines Tages ausreichen würde. Aber dann geschah ein Wunder: Die sieben Lichtschalen des Leuchters im Tempel brannten mit dem Öl des kleinen Kruges die ganzen acht Tage des Festes, bis dann neues Öl nach den Vorschriften hergestellt war.

Der Chanukkaleuchter

Gemäß den acht Tagen des Festes trägt der Chanukkaleuchter, wie er vor allem bei den häuslichen Feiern verwendet wird, acht Arme. Von rechts nach links zündet man seine Lichter in der Reihenfolge der Tage an, also an jedem Tag ein Licht mehr, bis zuletzt alle acht Lichter brennen. Ein neuntes Licht, meist von den anderen acht durch einen besonderen Arm abgesetzt oder erhöht, gilt als *Schammes* (Diener) und ist bestimmt, die anderen zu entzünden.

Vor dem Anzünden der Lichter wird gebetet: „Gelobt seist du, Ewiger, unser Gott, König der Welt, der du uns geheiligt durch deine Gebote und uns befohlen, das Chanukkalicht anzuzünden, . . . der du Wunder erwiesen unseren Vätern in jenen Tagen zu dieser Zeit, . . . der du uns hast Leben und Erhaltung gegeben und uns hast diese Zeit erreichen lassen. Diese Lichter zünden wir an ob der Wunder, Siege und allmächtigen Taten, welche du für unsere Väter vollbracht durch deine heiligen Priester. Allen acht Chanukkatagen sind diese Lichter geweiht, und uns ist nicht erlaubt, sie zu benutzen, wir dürfen sie nur betrachten, um deinem Namen zu danken für deine Wunder, deine Hilfe und deine allmächtigen Taten. Wir danken dir . . . für die Wunder, die Befreiung, die Ruhmestaten, die Siege und die Kämpfe, die du für unsere Väter vollbracht in jenen Tagen zu dieser Zeit . . . Und dir schufst du einen großen und heiligen Namen in deiner Welt, und deinem Volke Israel verliehest du einen großen Sieg und Befreiung wie am heutigen Tage. Hierauf kamen deine Söhne in das Innere deines Hauses, schafften (den Götzendienst) fort aus deinem Palast, reinigten dein Heiligtum, zündeten Lichter an in den Höfen deines Heiligtums und setzten diese acht Tage des Weihefestes ein, deinem großen Namen zu danken und Lob zu spenden."

Es ist geboten, daß der Chanukkaleuchter immer einen erhöhten Platz im Hause einnehmen muß. Deshalb die Vorschrift, daß er selbst im niedrigsten Raum mindestens drei Handbreit hoch stehen soll. Auch ist es üblich, daß sein Platz meist am Fenster ist, damit er in die Welt hinausleuchten kann.

An *Schabbat Chanukka* wird im Gottesdienst der Synagoge als *Haftara* (Zusatzlesung aus den Propheten) Sach 2,10-3,7 und die Vision vom goldenen Leuchter aus Sach 4 gelesen; falls ein zweiter Schabbat in die Chanukkazeit fällt auch 1 Kön 7,40-50. Seit der Zerstörung des zweiten Tempels im Jahre 70 n. Chr. gilt die Synagoge als Tempelersatz für die gottesdienstlich versammelte Gemeinde. Im Jiddischen wird sie auch als Tempel bezeichnet. Dennoch ist ein brennender *sieben*armiger Leuchter (*Menorah*), wie er in Gottesdiensten der Reformsynagogen verwendet wird, sehr umstritten. Von orthodoxen Juden wird solches abgelehnt. Erst in den Tagen des messianischen Heils, wenn der dritte Tempel errichtet und eingeweiht ist, wird die siebenarmige Menorah an dem ihr bestimmten Platz im Tempel auf dem Zion wieder leuchten. Dann aber wird Friede sein für Israel und für die Völker (Sach 14).

Die Bedeutung von *Chanukka* für Israel

Immer wieder gab es Lehrer Israels, die das Chanukkafest nicht so sehr als Sieg über die Feinde Israels, sondern als Dank für die Wiedereinweihung des Tempels feiern wollten und damit auch für die Möglichkeit, „die schönen Gottesdienste des Herrn" (Ps 27,4) begehen zu können. Dennoch wird heute in Israel der nationale Charakter des Festes mehr betont. Die Siege der Makkabäer wurden zum Vorbild für den Selbstbehauptungswillen des jüdischen Volkes, das inmitten einer Welt von Feinden leben und überleben muß.

Viele Juden hatten zur Zeit des Befreiungskampfes gegen die Syrer in Judas Makkabäus den von Israel erhofften Messias gesehen, der Israel in die Zeit der Erfüllung führen würde. Diese Hoffnung täuschte, wie bei vielen anderen Personen auch, die sich als Messias für Israel anboten oder angeboten wurden. Schon einige Generationen später war es mit der von den Makkabäern erkämpften Freiheit für Israel vorbei. Es kamen die Römer, und 234 Jahre später wurde das am 25. Kislew 164 v. Chr. entzündete Licht der *Menorah* im Tempel wieder ausgelöscht, als Jerusalem und auch der Tempel im Jahre 70 n. Chr. zerstört wurden.

Die Tage des Chanukkafestes fallen kalendermäßig in die Adventstage der Christen, wenn auch nicht immer auf die Weihnachtstage. Als häusliches Fest führt es die Familie zusammen. Wie Weihnachten ist es ein „Licht-Fest". Jüdische Eltern, die in christlichen Völkern leben, finden es für ihre Kinder hilfreich, daß *Chanukka* in der Nähe des christlichen Weihnachtsfestes gefeiert wird: Können sie doch auch mit Geschenken und fröhlichem Festbrauch ihre Kinder erfreuen.

Die Bedeutung von *Chanukka* für Christen

In Joh 10,22 wird geschildert, wie Jesus anläßlich eines Chanukkafestes — „es war Tempelweihe zu Jerusalem und es war
Winter" — im Tempelbereich lehrt. Damals ging es um die
Messiasfrage und auch darum, inwieweit Jesus der Sohn Gottes sein könnte. Beide Fragen sind bis heute geblieben und stehen nach wie vor zwischen Juden und Christen: Wer ist Jesus
von Nazareth?

Die erste Kirche Jesu — sie bestand aus jüdischen Christen,
hat die Fragen um Jesus innerhalb des jüdischen Glaubens beantwortet. Für sie war Jesus nicht das feindliche Gegenüber
zum jüdischen Glauben, sondern dessen Ziel und Erfüllung
(Mt 5,17ff und Lk 1,68-75). Das, was sie unter dem Eindruck der
Auferstehung Jesu, für ihr jüdisches Volk erkannten, mußten sie
bezeugen. Das aber taten sie nicht gegen, sondern mit dem jüdischen Glauben und seinen Symbolen.

Zentrales Glaubensgut ist für Israel die Tora (Weisung) und
der in ihr geoffenbarte Gotteswille. Als Zeichen für die Tora gelten die beiden Gesetzestafeln. Sie hatten ihren Platz in der
Bundeslade, die im Allerheiligsten des Tempels stand, in jenem
dunklen Raum hinter dem großen Vorhang. Vor diesem Vorhang aber stand die siebenarmige *Menorah*, mit ihrem Licht
der Gemeinde sichtbar zugewandt, die sich vor dem Tempel
zu den Dank- und Versöhnungsopfern sammelte.

Sieben Arme hat die *Menorah* des Tempels, sieben Tage hat
die Woche. Und für jeden Tag braucht der Mensch Erleuch-
tung, um den oft dunklen und rätselhaften Willen Gottes zu
verstehen und anzunehmen. So wurde die Tora selbst zum
Licht für den jüdischen Menschen auf seinem Weg zu Gott, ja
sie wurde selber der Weg und das Leben für den Gläubigen.
Gott kommt dem Menschen durch das Torawort nahe: „Dein
Wort ist meines Fußes Leuchte und ein Licht auf meinem Wege" (Ps 119,105). In der Synagoge, als Tempelersatz, hat die To-

rarolle im Toraschrein hinter dem Vorhang die gleiche Bedeutung. Doch die Symbolik des siebenarmigen Leuchters wird nun von sieben Männern übernommen, die aufgerufen werden, ein Stück des Toraabschnittes zu lesen, der am jeweiligen Schabbat gelesen werden muß. Hierfür wurde die Torarolle unter Gebet aus dem Dunkel des Toraschreines enthoben, und mit dem Verlesen wird der in ihr offenbarte Wille Gottes ins Licht, d.h. ins Bewußtsein der Gemeinde, gebracht.

Für die Gemeinde Jesu übernimmt diese zeichenhafte Bedeutung Jesus selbst. Er selber steht als Mittler zwischen Gott und seinem für uns oft rätselhaften und unergründlichen Willen: „Ich bin das Licht der Welt, wer mir nachfolgt, der wird nicht wandeln in der Finsternis, sondern wird das Licht des Lebens haben" (Joh 8,12).

In den Gottesdiensten judenchristlicher Gemeinden in Israel leuchtet auf den Altären die brennende *Menorah*, der siebenarmige Leuchter, als Zeichen erfüllter Messiashoffnung. Denn für Christen ist Jesus selbst der offenbare Wille Gottes, der ihn verkündigt, indem er ihn erfüllt. Damit wird er der Weg zu Gott für diejenigen, die bereit sind, ihm zu folgen (Joh 14,6). In seinem Licht werden auch sie Licht für diese arme, verfinsterte und im Tod verlorene Welt und damit Wegweisung für andere: „Ihr seid das Licht der Welt!" (Mt 5,14). Deshalb feiern Christen Weihnachten oder besser das Christfest.

Das ewig Licht geht da herein,
gibt der Welt ein' neuen Schein,
es leucht' wohl mitten in der Nacht
und uns des Lichtes Kinder macht.

„Das war das wahrhaftige Licht, welches alle Menschen erleuchtet, die in diese Welt kommen. Er war in der Welt, und die Welt ist durch ihn gemacht; aber die Welt erkannte ihn nicht" (Joh 1,9f).

Heute sind die Christen mehr als die Juden gefragt, ob sie noch Jesus als Licht für sich erkennen und anerkennen können. Oder ob nicht auch in der Christenheit eine Verfinsterung eingetreten ist, von der der Schreiber des Johannesprologs klagt: „Das Licht scheint in der Finsternis — und die Finsternis hat's nicht ergriffen!"

Wer sich als Christ mit dem *Chanukka* Israels beschäftigt, kommt nicht davon los, nach seinem Christtag zu fragen.

Purim — ein Freudenfest Israels

Karneval in Jerusalem, Fasching in Israel? Solches Fragen hört man gelegentlich von unwissenden Touristen, die zu einer bestimmten Zeit im Frühling durch das Land Israel reisen. Da herrscht ein buntes Treiben in den Straßen und Gassen der Städte und Siedlungen. Verkleidete Menschen ziehen als Narren umher und treffen sich bei Freunden oder zu einem Tanzvergnügen. Selbst in Mea Schearim, dem frommen Stadtviertel von Jerusalem, trägt mancher *Chassid* (Frommer) die Narrenkappe oder zumindest eine rote Pappnase im Gesicht zwischen den langen Schläfenlocken. Halbwüchsige erschrecken sich gegenseitig oder Passanten auf der Straße mit furchterregenden Masken. Kinder, verkleidet als Königinnen oder tapfere Ritter, als Soldaten, Matrosen, Cowboys, Indianer und anderes, treiben ihr närrisches Wesen selbst schon im Kindergarten. Mit Stöcken stoßen sie auf den Boden, wobei quietschende Laute erzeugt werden. Ebenso necken sie sich mit Ratschen, die beim Drehen knarrende Töne von sich geben, oder mit Haman-Kleppel, das sind Plastik-Hämmer, die ebenfalls beim Aufschlagen quietschen oder pfeifen. Dabei wird immer wieder, und das mit Abscheu, ein Name ausgerufen: Haman!

Purim — ein Freudenfest

Es ist *Purim*, ein Freudenfest Israels. Und für dieses Fest heißt es selbst unter den sonst ernsten und nach frommen Gesetzen lebenden Juden: An Purim ist alles anders, an Purim ist alles frei! Purim heißt soviel wie Los-Fest und wird nach dem jüdischen

Kalender am 14. bzw. 15. Adar gefeiert. Wenn im Schaltjahr, und das geschieht etwa jedes zweite oder dritte Jahr, sich der Monat Adar wiederholt, dann wird *Purim* (an diesen Daten) zweimal gefeiert, wobei das Fest im Adar I bescheiden ausfällt. Man nennt es dann *Purim katan*, das kleine Purim.

Das Ester-Buch

Das *Purim*-Fest geht zurück auf eine Geschichte, die im Buch Ester beschrieben wird. Da verlangte Haman, er war der Wesir oder Ministerpräsident des persischen Königs Achaschverosch, von allen Untertanen im Perserreich für sich die Ehrenbezeugung des Kniefalls bzw. Bückens, wenn sie ihm begegneten. Mordochai, ein Jude, verweigerte dies. Daraufhin erfolgte eine Anzeige, die bis vor die Ohren des Perserkönigs gebracht wurde. Darin heißt es: „Es gibt ein Volk, zerstreut und abgesondert unter allen Völkern in allen Ländern . . . und ihr Gesetz ist anders als das aller Völker . . ." (Est 3,8).

Mit der Verleumdung, „sie tun nicht nach des Königs Gesetzen", erreichte Haman die Zustimmung des Königs zur Vernichtung aller Juden im Reich. Nach einem geworfenen Los, auf Persisch heißt das *Pur*, daher der Name *Purim*, wurde dafür der 13. Adar bestimmt, wobei für Mordochai ein besonders hoher Galgen aufgerichtet wurde.

Nun war aber der König verheiratet mit einer jüdischen Frau, der Nichte des Mordochai. Ihr Name war Ester, auf Hebräisch hieß sie *Hadassa* (die Myrthe). Sie war, so wird sie beschrieben, ausgestattet mit besonderer Schönheit. Allerdings wurde ihre Herkunft dem König gegenüber verschwiegen. In der Not ihres Volkes wurde sie von Mordochai gebeten, eine Audienz beim König zu erwirken, um sich als Jüdin zu offenbaren und für ihr Volk einzusetzen.

Die Befolgung dieser Bitte bedeutete aber für Ester Lebensgefahr, nicht nur wegen ihrer Herkunft. Das Ersuchen einer Frau, auch als Königin, um Audienz vor dem Königsthron, verstieß gegen alle Normen und Gesetze im persischen Reich.

Mit Fasten bereitete sich Ester auf ihren schweren Gang zum König vor. Doch dann geschah das Wunder, daß der König sie anhörte und begriff, was die bösen Pläne des Haman bedeuteten. Hier stehen die Worte Esters: „Wie kann ich dem Unheil zusehen, das mein Volk treffen würde?" (Est 8,6).

Haman endete am Galgen, den er für Mordochai errichten ließ, und Mordochai wurde an Stelle Hamans in das höchste Regierungsamt eingesetzt.

Am gleichen Tag, dem 13. Adar, nachdem Haman zu Tode kam, erhoben sich die Juden im ganzen Reich gegen diejenigen, die sie bisher unterdrückt hatten, und besiegten sie. Einen Tag später geschah solches in der Hauptstadt und Festung Schuschan (Susa). Von da an wurden die beiden Tage nach dem 13., also der 14. und 15. Adar, zu Festtagen für die Juden bestimmt, wobei der 15. Adar als *Schuschan-Purim* gilt und in befestigten Städten, wie Jerusalem, gefeiert wird. In Erinnerung an die Fastentage Esters vor ihrem schweren Gang zum König gilt der 13. Adar als Fasttag für die Juden und wird auch so bezeichnet: *Ta' anit Ester* — Fasten Ester.

Im Ester-Buch lesen wir: „Diese Tage sollen nicht vergessen sein, sondern sie sind zu halten bei Kindeskindern, bei allen Geschlechtern, in allen Ländern und Städten. Es sind die Purimtage, die nicht übergangen werden sollen unter den Juden, und ihr Andenken soll nicht untergehen bei ihren Nachkommen" (Est 9,28).

Ester in der Synagoge

Für Juden ist *Purim* sicher ein weltliches Fest. Der Name Gottes kommt im Ester-Buch auch nicht in seiner Umschreibung vor.

Die Geschichte ereignete sich nicht im Land Israel, sondern geschah im Galuth, d.h. in der Diaspora unter den in der Zerstreuung lebenden Juden in der Fremde. Außerdem wurden hier die Juden durch eine Frau gerettet.

Dennoch hat die Ester-Rolle, sie wird als *Megilla* bezeichnet, was soviel wie *die* Rolle heißt, einen festen Platz in der Synagoge, in der ebenfalls *Purim* gefeiert wird. Dort wird sie sowohl am Vorabend als auch am Morgen gelesen, wobei auch Frauen und Kindern die Verpflichtung auferlegt ist, die *Megilla-Ester* zu hören. Die Kinder stoßen dabei jeweils bei Nennung des Namens Haman mit ihren Stöcken auf den Fußboden der Synagoge. Zu kranken oder weit entfernt wohnenden Juden gehen Vorleser, um ihnen den Inhalt der *Megilla* vorzutragen.

Zum Brauchtum der Purimtage gehört es, daß die Hausfrauen neben dem Festmahl auch süßes Gebäck vorbereitet haben, denn Purim will ja ein „süßes Fest" sein. Dazu gehören mit Mus, Mohn oder Nüssen gefüllte Teigtaschen, die in Öl gebacken werden, die sogenannten „Haman-Taschen" oder, wenn das Gebäck dreieckig ist, die „Haman-Ohren". Übermäßiger Weingenuß an diesem Tag wird selbst von den weisen Lehrern Israels mit Nachsicht beurteilt. Weiter ist es Brauch, sich gegenseitig zu beschenken und, wie es gegen Ende des Ester-Buches geboten wird, der Armen zu gedenken und ihnen zu helfen, daß auch sie die Purimtage in Freude und Fröhlichkeit feiern können.

Gottes verborgenes Handeln

Der Hintergrund des Purimfestes ist die geschichtliche Erfahrung einer die Juden überall in der Welt bedrohenden Not. Denn wo immer jüdische Menschen unter fremden Völkern leben mußten, konnten sie sich nicht anpassen und schon gar nicht fremde Glaubensvorstellungen annehmen. Wo das dennoch geschah, gingen Juden ihrem Volk verloren.

Die Verweigerung einer Assimilation aber ließ Juden immer fremd sein unter Fremden und forderte ihre Ablehnung heraus. Von Ägypten angefangen, also vom Anfang der Geschichte des Volkes Israel an, bis auf diesen Tag ist es so geblieben. Und immer wieder erleben Juden einen sie und ihr Leben bedrohenden Haman, der unterschiedliche Namen wie Pharao, Hitler oder Saddam Hussein tragen kann.

In solchen Zeiten der Not wurde das Fragen nach Gott und seiner Gegenwart lauter als in den Tagen angeblichen Wohlergehens. Der Hüter Israels — wo ist er geblieben? Viele Juden sind mit ihrem Leben und in ihrem Glauben an der vermeintlichen Abwesenheit Gottes gescheitert. Auschwitz ist ein bedrückendes Beispiel dafür.

Dennoch — und das will uns das Ester-Buch sagen — handelt Gott auch aus seiner Verborgenheit heraus, selbst wenn Menschen das nicht immer erkennen können. Und er handelt durch Menschen, oft durch schwache Menschen, wie in dieser Geschichte durch eine Frau. Es sind nicht immer die Starken und Mächtigen, durch die die Geschichte Gottes mit Israel und uns bestimmt wird. Erkennbar aber wird solches oft erst im Nachhinein oder in der Ewigkeit. Feinde Gottes werden in dieser verfinsterten Welt bleiben, auch dem Volk der Juden, bis ans Ende der Zeiten. Haman wird immer wieder auferstehen und Furcht und Schrecken verbreiten. Doch werden auch immer wieder Purim-Wunder geschehen, oft, wenn es gar nicht erwartet wird. War es denn Zufall, daß der Golfkrieg und mit ihm die Bedrohung Israels durch Saddams Scud-Raketen ausgerechnet am Purimtag 1991 beendet wurde?

Zeichen dieser Art hat Israel in seiner Geschichte immer wieder erfahren. Sie haben fromme Juden im Glauben bestärkt, auch an dem ihnen verborgenen Gott festzuhalten und selbst in finstersten Zeiten das Dennoch des Glaubens zu beten: „Dennoch bleibe ich stets an dir . . .".

Hoffnung Israels

So ist dem Volk die Hoffnung geblieben, daß einmal die Zeit des Heils kommen wird, in der auch die letzten Feinde Gottes keinen Platz mehr in seiner Schöpfung haben werden. Dann, wenn alle Masken fallen und Gott aus seiner Verborgenheit heraustritt. Christen teilen mit den Juden diese Hoffnung und gehen mit ihnen der endzeitlichen Erlösung entgegen. Bestärkt werden sie darin durch den, der am Galgen auf Golgatha endete und dort die Verlassenheit durch Gott in der Finsternis des Sterbens erleiden mußte. Doch dabei ist es nicht geblieben, denn zurück blieb am Kreuz der Feind und Widersacher Gottes, die Macht Hamans, des Bösen. Hier wurde sie gebrochen, und zwar so, daß der Apostel Paulus in Freude schreiben konnte: „Tod, wo ist dein Stachel, Hölle, wo ist dein Sieg . . .?", wobei er eine Verheißung aus dem Buch des Propheten Jesaja aufnahm: „Der Herr Zebaoth wird den Tod verschlingen auf ewig. Und wird die Tränen abwischen und wird aufheben die Schmach seines Volkes in allen Landen. Zu der Zeit wird man sagen: Sehet, das ist unser Gott, auf den wir hoffen; laßt uns jubeln und fröhlich sein über sein Heil" (Jes 25,8f).

So ist das jüdische Purimfest in seiner Freude und Fröhlichkeit so etwas wie ein bißchen Vorwegnahme oder Kostprobe des großen Freudenfestes Gottes, zu dem uns Gott schon heute einladen will. Mit dieser Einladung endet das letzte Buch der Bibel: „Wer das hört, der komme, und wer da will, der nehme das Wasser des Lebens umsonst."

Pessach — das Fest der Verschonung und Errettung Israels

Wenn nach dem jüdischen Kalender im Monat Nissan der Frühling in Israel eingezogen ist, dann trägt das Land ein grünes Kleid. Bäume, Sträucher und Blumen blühen, und auf manchen Feldern beginnt bereits die Gerste zu reifen. Es wird Pessachzeit. Und für dieses Fest, das sieben Tage dauern wird (in der Diaspora sind es acht), haben die Hausfrauen alle Hände voll zu tun. Die Wohnung und alle Möbel werden gründlich gereinigt. Selbst das Koch- und Eßgeschirr, auch das Besteck, wird peinlich genau gesäubert oder nach Möglichkeit für die Zeit des Festes durch anderes, reines Geschirr ersetzt. Denn *Pessach* ist das Fest der „süßen", d.h. der ungesäuerten Brote und erinnert jeden Juden an den Auszug Israels aus Ägypten: aus der Sklaverei und aus dem Tod in die Freiheit und in das Leben mit Gott.

Die Nacht der Verschonung

In der ersten Nacht zu Pessach trennte Gott sein Volk von dem Volk der Ägypter. Der Todesengel ging durch die Häuser und tötete alles Erstgeborene. Doch an den Häusern ging er vorüber, an deren Türpfosten das Blut eines geschlachteten Lammes zu sehen war. In ihnen saßen Israeliten, gehorsam und dem Wort Gottes vertrauend, daß sie von nun an unterwegs sein würden, einem neuen Ziel, einem anderen Land entgegen. Deshalb *Pessach* — Verschonung. Und deshalb Trennung von allem Sauerteig und dem, was mit solchem Sauerteig in Berührung kam. Denn wer diese Trennung nicht vollziehen will, wer in der Pessachzeit am „Brot Ägyptens" festhalten möchte, der gehört nicht zu Israel (2 Mose 12,15) und kann keinen Anteil haben an Gottes Erwählung für ein gehorsames Leben unter ihm.

Juden feiern das Passahfest in der Gegenwart so, als wären sie selbst in der ersten Pessachnacht dabeigewesen. Sie selbst sind es, die sich in dieser Nacht aufmachen wollen, gehorsam den Weg zu gehen, den Gott seinem Volk Israel verordnet hat.

Am Tag vor der ersten Pessachnacht ist der Hausvater am Abend noch einmal durch alle Räume seines Hauses gegangen und hat sich überzeugt, daß aller *Chamez*, alles Gesäuerte, entfernt wurde, daß selbst kleinste Krümel von ihm nicht mehr zu finden sind.

Der Sederabend

Nun ist der 14. Nissan geworden: *Erew Pessach*, denn am Abend dieses Tages beginnt das Pessachfest mit dem Sederabend, der nach einer bestimmten Ordnung — und das heißt *Seder* — in den Häusern und Wohnungen jüdischer Menschen gefeiert wird. Zu den sich versammelnden Familienangehörigen und ihren Freunden werden auch andere eingeladen, etwa die alleinstehende Witwe aus dem Nachbarhaus, auch der einsame Mann von gegenüber, der keine Angehörigen hat, und auch der Fremdling, der im Lande weilt und sich zu Israel halten will. Denn in dieser Nacht darf kein Jude allein sein oder allein feiern. Denn *Pessach* ist ja das Fest der Verschonung Israels, also des ganzen Volkes, und kann deshalb nur im „Wir" der Gemeinschaft begangen werden: „Wir waren Knechte Pharaos in Ägypten . . ., aber der Herr befreite uns . . ." Und nun sind wir auf dem Wege von Ägypten bis in die Zeit des messianischen Heils. Es ist *unser* Weg.

Den Gastgebern werden Blumen und Pessachgeschenke überreicht. Ein großes Zimmer ist festlich geschmückt, und reines Geschirr spiegelt den Glanz brennender Kerzen.

Die Symbolspeisen

In der Mitte des Tisches — vor dem Hausherrn — steht der Sederteller mit sechs Näpfchen, in denen Symbolspeisen enthalten sind.

Als erstes sehen wir grünes Kraut — *Karpas*. Das kann Petersilie sein mit geschnittenen Radieschen oder anderes. Es gilt als Zeichen für die Frucht der Erde, die uns Gott Jahr für Jahr bereitet, damit wir leben können.

Dann ein Näpfchen mit Salzwasser — *mej melach*. Es soll Erinnerung sein an die Tränen, die wir geweint haben in der Sklaverei Ägyptens, aber auch im Leid der Zerstreuung unter den Völkern.

Als drittes ein Näpfchen mit *Maror*. Das ist Bitterkraut und läßt uns denken an die Bitternis des Lebens in Ägypten und unter den Völkern in der Verbannung.

Dann als viertes *Charosset*, das Lehmartige. Es ist ein Mus aus geriebenen Äpfeln, Nüssen, Zimt und anderen Gewürzen, mit Wein angerührt. Es erinnert uns an die Zeit der Fron und Armut, als wir aus Lehm Ziegel herstellen mußten für die Bauwerke der Mächtigen.

Ein fünftes Näpfchen enthält einen Lammknochen mit etwas Fleisch daran, auf Holzkohlenfeuer gebraten — *Seroa*. Es ist das Zeichen für das Lammopfer, das wir heute im Tempel hätten bringen müssen, um es jetzt in der Gemeinschaft zu verzehren. Doch haben wir keinen Tempel mehr, nur die Hoffnung, daß wir es in den Tagen des Messias in Jerusalem und in dem dann neuerstandenen Tempel wieder bringen werden.

Das sechste Näpfchen zeigt ein gekochtes Ei — *Bejzah*. Es ist Brauch, solch ein Ei nach der Beerdigung eines Toten zu verzehren. Das ist ein Zeichen für den Glauben an die Überwindung des Todes in der Auferstehung zu einem neuen Leben. Hier aber will das Ei an die Zerstörung des Tempels erinnern, also an den Tod des Tempeldienstes und an die Hoffnung, daß auch der Tempel wieder erstehen wird und daß dort wieder Opfergottesdienste gehalten werden. Vielen will es aber auch ein Zeichen für die Fruchtbarkeit Israels sein, über die Pharao in Ägypten nicht Herr werden konnte — und noch mehr. Trotz allen Leidens in dieser Welt der Bedrohung und des Hasses: Israel lebt und wird weiter leben!

Das wären die sechs Symbolspeisen, wovon die fünfte und sechste, Lammknochen und Ei, wohl erst längere Zeit nach der Zerstörung des Tempels im Jahre 70 n. Chr. als Pessachbrauch eingeführt wurden.

Mazzot und Wein

Aber nun liegen auf dem Sedertisch noch drei *Mazzot*, drei ungesäuerte Brote, übereinander, unter einem Tuch verhüllt oder in einer Sedertasche mit drei Fächern. Es kann auch eine Sederschüssel mit drei Etagen sein, über die dann ein Tuch gelegt wird. Die unterste *Mazza* gilt für Israel, die mittlere für den Stamm Levi und die oberste für die Priester Israels, die *Kohanim*. In der bald beginnenden Sederfeier wird die mittlere *Mazza* wichtig werden, die für Levi. Es gilt als sicher, daß sie in der Zeit Jesu als „Brot des Kommenden" einen engen Bezug zur Messiaserwartung des jüdischen Volkes hatte.

Während der Sederfeier ist es Vorschrift, vier Becher Wein zu trinken, die als Freudenbecher gelten, gemäß dem in 2 Mose 6 vierfach geoffenbarten Willen Gottes zur Rettung Israels:

„Ich bin der Herr und will euch (1.) *wegführen* von den Lasten, die euch die Ägypter auferlegen und will euch (2.) *erretten* von eurem Frondienst. Ich will euch (3.) *erlösen* mit ausgestrecktem Arm und durch große Gerichte. Ich will euch (4.) *annehmen* als mein Volk und will euer Gott sein."

Wegführen, erretten, erlösen und annehmen, das sind Gottes Heilstaten an seinem Volk. Sie werden dem Bewußtsein jüdischer Menschen in jeder Sederfeier nahegestellt: Wir sind um Gottes Willen von Ägypten und den Völkern dieser Welt geschieden und sind dadurch errettet, erlöst und von Gott angenommen.

Der Hausvater spricht den Lobgesang: „Gepriesen seist du, Ewiger, unser Gott, Herr der Welt, der du uns aus allen Völkern erwählt, über alle Nationen erhoben und uns durch deine Gebote geheiligt hast . . . Du gabst uns diesen Tag des Mazzotfestes, die Zeit unserer Befreiung . . . zum Andenken an unseren Auszug aus Ägypten."

Der messianische Becher

In 2 Mose 6 wird von einer weiteren Heilstat Gottes für Israel geschrieben: „Ich will euch *bringen* in das Land." Nach jüdischem Glauben ist damit nicht allein die geschichtliche und geographische Landnahme Kanaans gemeint, sondern auch und noch mehr das Ziel der Geschichte und des Glaubens Israels: die kommende, für immer geltende Zeit des messianischen Heils.

Die aber bringt nur der Messias zuwege. Und es gilt bei frommen Juden die Anschauung: Um Mitternacht wurden wir erlöst; um Mitternacht werden wir erlöst! Das heißt, so wie Gottes Erlösungswerk in Ägypten in der Mitte der ersten Pessachnacht begann, so wird sein Erlösungswerk mit seinem

Messias auch um Mitternacht einer ersten Pessachnacht beginnen. Das kann heute nacht schon sein. Deshalb wartet Israel bei der Sederfeier auf den letzten Anruf und auf das Zeichen, endlich in eine Zeit der Erlösung und des Heils aufzubrechen. Dafür steht auf dem Sedertisch der Eliasbecher, gefüllt mit Wein, aus dem nicht getrunken wird. Elias wird kommen und dem Messias Gottes den Weg bereiten. Und er tut es schon jetzt, da in seiner unsichtbaren Anwesenheit über dem Symbol des Eliasbechers das Volk ausgerichtet wird zur bleibenden Hoffnung auf den Tag der Erlösung Gottes. Dabei aber wird Elia gleichzeitig zum Synonym für den kommenden Messias. Über dem zu seinem Empfang bereitgestellten Becher wird er sich in einer Sedernacht zu erkennen geben, indem er ein jüdisches Haus betritt, diesen Becher erhebt und daraus trinkt. Dann aber werden alle daraus trinken. Das kann schon heute, in dieser Sedernacht, geschehen.

Die Sederfeier besteht aus drei Teilen. Der erste Teil ist rückwärts gerichtet auf die Geschichte Israels, auf die großen Taten Gottes für sein Volk Israel, wobei im Vordergrund die Befreiung aus Ägypten steht. Der zweite Teil ist das Sedermahl, von der Hausfrau sorgfältig vorbereitet. Der dritte Teil gilt der Hoffnung Israels, seiner Zukunft, der Zeit der endgültigen Erlösung und des Heils, dem Ziel seines Glaubens und seiner Geschichte.

Die Ordnung der Feier

Damit die Feier in der rechten Ordnung geschehen und in allen jüdischen Häusern in möglichst gleicher Weise durchgeführt werden kann, bedarf es der *Pessach-Haggada*. Das ist ein Buch, aus dem der Hausvater liest und die dort enthaltenen Gebete spricht. Der *erste* Becher, der Becher der Heiligung, wird mit Rotwein gefüllt, und der Hausvater vollzieht den *Kid-*

dusch, die Eröffnung und Heiligung der Sederfeier. Verbunden damit spricht er auch den Segen über den Wein. Dann erhebt er sich und wäscht sich nach Vorschrift die Hände.

Etwas Petersilie wird in Salzwasser getaucht und gegessen. Das soll an den Ysop erinnern, der zur bewahrenden Blutbesprengung gebraucht wurde, aber auch an den rettenden Durchzug des Volkes Israel durch das Rote Meer.

Nun bricht der Hausvater die mittlere *Mazza* auseinander und verbirgt die eine Hälfte. Dann nimmt er das Ei und den Lammknochen von der Sederschüssel, die mit den übrigen Symbolspeisen von den Feiernden hochgehoben wird. Dazu sprechen alle: „Dies ist das Brot des Elends, das unsere Väter in Ägypten gegessen haben. Wer hungrig ist, der komme und esse! Jeder, der in Not ist, komme und halte mit uns das Pessachfest. Dieses Jahr noch hier; im kommenden im Lande Israel. Dieses Jahr noch Sklaven, im kommenden Jahre frei."

Ein erster Höhepunkt der Sederfeier ist das vorbereitete Fragen des jüngsten Teilnehmers an der Sederfeier, meist eines Kindes. Es ist das Fragen nach dem Sinn dieser Feier: „Warum ist diese Nacht so ganz anders als alle anderen Nächte? Sonst essen wir gesäuertes und ungesäuertes Brot — heute aber nur *Mazzot*? Sonst essen wir verschiedenes Kraut — heute nur Bitterkraut?" usw.

Darauf werden die *Mazzot* aufgedeckt, und es folgt das großartige Bekenntnis Israels. Ein Bekenntnis, das nun von allen feiernden Juden in dieser Nacht gesprochen wird; es ist der Grund der Sederfeier und das Bekenntnis ganz Israels: „Sklaven waren wir dem Pharao in Ägypten; aber der Ewige, unser Gott, führte uns heraus mit starker Hand und ausgestrecktem Arm. Hätte der Heilige — gelobt sei er — unsere Väter nicht aus Ägypten gerettet, dann wären wir und unsere Kinder noch immer in der Sklaverei Pharaos in Ägypten . . ." Dahinter steht das Bewußtsein des jüdischen Glaubens: Gott, der Herr, führte uns und wird uns weiter führen! Er befreite uns vom Tode Ägyptens und wird uns immer wieder befreien aus den tödlichen Bedrohungen in dieser Welt.

Im Bewußtsein dessen geschieht auch jene Symbolhandlung: Die Feiernden sitzen angelehnt oder liegen, was in der antiken Zeit nur den Freien und nicht den Sklaven zustand. Erinnerung an die Not in der Vergangenheit Israels, Erinnerung an die Wunder der Rettung und des Lobpreises über die Rettung Israels durch seinen Gott bis auf diesen Tag, das alles füllt den ersten Teil der Sederfeier. Jetzt trinkt man den *zweiten Becher* Wein, wäscht sich die Hände und ißt symbolhaft je ein kleines Stückchen von allen drei Mazzot, bestrichen mit *Maror* und *Charossot*, dem Bitteren und dem Süßen.

Zum Lobpreis dieser Nacht gehört das *Hallel*, die gesprochenen Psalmen 113 bis 118, wobei die Psalmen 113 und 114 zum ersten Teil, die anderen zum letzten Teil der Sederfeier gehören. Dazu gehört auch die Aufzählung der zehn Plagen, die über Ägypten kamen: Blut, Frösche, Mücken, Ungeziefer, Seuche, Blattern, Hagel, Heuschrecken, Finsternis, Töten der Erstgeburt. Dabei tauchen bei Nennung jeder Plage die Teilnehmer einen Finger in ihren Becher Wein, um einen Tropfen zu verschütten: „Der Herr aber führte uns heraus mit starker Hand . . .!"

Es folgt der zweite Teil, das Sedermahl, eine gut vorbereitete und wohlschmeckende festliche Mahlzeit. Ein jeder ißt sich satt.

Nach dem Mahl in fortgeschrittener Nacht beginnt der letzte Teil der Sederfeier. Der Hausvater bricht die am Anfang der Feier versteckte und jetzt von Kindern gesuchte und gefundene Hälfte der mittleren *Mazza*; jeder Festteilnehmer ißt ein Stückchen davon. Dann wird der *dritte Becher* Wein für alle eingeschenkt, und der Hausvater wendet sich an die anwesenden Männer: „Meine Herren, wir wollen das Tischgebet sprechen:

‚Der Name des Herrn sei gepriesen von jetzt an bis in Ewigkeit. Lasset uns preisen den, der uns speist. Gepriesen sei, der uns speist und von dessen Güte wir leben . . .'"

Hoffnung auf Erlösung

Dieser Teil der Feier ist zukunftsorientiert, gefüllt mit der Hoffnung auf die Zeit des kommenden messianischen Heils. Der Segen der kommenden Heilszeit wird erbeten und zeichenhaft für die Gegenwart vorweggenommen: „Mach uns frei, Ewiger, unser Gott, bald von all unseren Bedrängnissen . . . Der Barmherzige zerbreche das Joch des Druckes von unserem Nacken und führe uns frei und aufrecht in unser Land . . . Er sende uns reichen Segen . . . und den Propheten Elia . . ., daß er uns gute Nachricht des Heils und des Trostes bringe . . . und uns würdig mache für die Messiaszeit . . . Er stifte Frieden für ganz Israel!"

Dieser *dritte Becher* Wein wird Becher der Erlösung oder Becher des Segens genannt. Denn die erflehte Erlösung in der messianischen Zeit bedeutet schon Segen für die Gegenwart Israels. Auch die Mazzahälfte weist darauf hin. Sie wird als *Afikoman* bezeichnet, was nicht nur „Nachtisch", sondern von *aphikomenos* „der Kommende" stammt, also „Brot des Kommenden", des Messias bedeutet.

Nachdem der Hausvater den *vierten Becher* gefüllt hat, singt man den zweiten Teil des *Hallel*, also die Psalmen 115 bis 118. Dann schließt die Feier mit weiteren Gebeten, dem Singen von sehr volkstümlichen Liedern, dem Trinken des *vierten Bechers* und dem Wunsch: Das kommende Jahr in Jerusalem!

„Gepriesen seist du, Ewiger, unser Gott, Herr der Welt, für den Weinstock und für die Frucht des Weinstockes, für die Frucht des Feldes und für das gute, schöne und geräumige Land, das du einst unseren Vätern zum Erbe gegeben hast, daß wir von seinen Früchten essen, an seinen Gütern uns sättigen.

Erbarme dich, Gott, unser Herr, über Israel, dein Volk, über Jerusalem, die Gottesstadt, über Zion, den Wohnsitz deiner Herrlichkeit, über deinen Altar und Tempel und erbaue Jerusalem bald in unseren Tagen.

Führe uns dahin, daß wir essen von des Landes Frucht und dafür dich preisen in Reinheit und in Heiligkeit!

Erfreue uns am Tage des Mazzot-Festes, denn du, Gott, bist gütig und wohltätig gegen alle.

Dir danken wir für das Land und für die Frucht des Weinstockes.

Gepriesen seist du, Ewiger, für das Land und die Frucht des Weinstockes.

Beendet ist der Seder, nach seinen Einzelheiten, nach seinen Vorschriften und Gesetzen. Wie es uns vergönnt war, ihn zu verrichten, so möge es uns auch in Zukunft vergönnt sein, ihn zu begehen.

Reiner, der in den Himmelshöhen thront, richte auf das Volk, das nicht gezählt wird.

In Bälde führe deine Sprößlinge als Erlöste nach Zion im Jubel."

Die Sederfeier und das Abendmahl Jesu

Die Sederfeier unserer jüdischen Glaubensbrüder bildet den Hintergrund für die Abendmahlsfeier, die Jesus eingesetzt hat: „Das tut zu meinem Gedächtnis." Wie jüdische Menschen im Pessachfest die Befreiung Israels aus dem Tode Ägyptens feiern, als wären sie selbst dabei gewesen, so feiert die christliche Gemeinde das Opfer Jesu als verschonende und bewahrende Tat, die ihr für die Gegenwart, aber auch für die Zeit des Kommenden, Heil bedeutet: „. . . bis daß er kommt!" (1 Kor 11,26).

In der Sederfeier Israels benutzt Jesus Elemente der jüdischen Glaubenssymbolik als Zeichen für den „Neuen Bund", den er und die judenchristliche Gemeinde als Heilsangebot Gottes zunächst für sein Volk Israel verstand. „In der Nacht, da er verraten ward, nahm er das Brot, dankte, brach's und sprach: ‚Nehmet hin und esset; das ist mein Leib, der für euch gegeben wird.'" Mit diesem Brot kann nur die Mazzahälfte gemeint sein, die im letzten Teil der Sederfeier aus der Verborgenheit herausgeholt, gebrochen und dann verteilt wird: *Afikoman* — das Brot des Kommenden. Das aber bedeutet für die damals mit ihm feiernden jüdischen Jünger, daß sich Jesus vor ihnen als der Messias offenbarte, auf den das jüdische Volk wartete. Dasselbe gilt für alle diejenigen, die auch heute noch das Brot des Abendmahls so empfangen, „als seien sie damals dabei gewesen". Das damit verbundene Zeugnis der totalen Hingabe dessen, der um Gottes Willen sich für sein Volk opferte, ist nach 1 Kor 11,26 Verkündigungspflicht seiner Gemeinde.

Entgegen der Meinung vieler Ausleger, die im Abendmahlskelch den dritten Becher der Sederfeier sehen, scheint es nach dem bisher Gezeigten logisch zu sein, daß mit dem Kelch, aus dem Jesus zum Trinken *für alle* auffordert, nur der Eliasbecher, also der Becher des Messias, gemeint sein kann. Denn nur mit diesem „messianischen" Zeichen konnte sich Jesus wie im *Afikoman* als der „Erwartete" vor seinen jüdischen Jüngern bezeugen: „Desgleichen nahm er auch den Kelch *nach* dem Abendmahl . . ." Wenn das Wort „Abendmahl" nicht nur das in der Sederfeier genossene Nachtessen meint, sondern die ganze Sederfeier bezeichnet, dann war nach dieser Feier nichts mehr zu essen und zu trinken. Nur der „Eliasbecher" stand in später Nachtstunde noch auf dem Sedertisch. „Dieser Kelch ist das Neue Testament in meinem Blut . . ."

Jetzt wird endlich auch das Abwehrwort verständlich, das über die Auseinandersetzung mit jüdischen Christen im 2. Jh. n. Chr. in die Pessach-Haggada aufgenommen wurde: daß man nach dem Genuß des Pessachopfers nichts mehr zu sich nehmen soll.

Der Erwartete ist nun gekommen. Erlösung und Heil geschahen in seiner Hingabe, in seinem Opfer. Wer daran teilhaben möchte, der komme. Das gilt als Einladung für alle (nach Röm 1,16), aber „zuerst" für Israel.

Zum Jom ha' Schoa — Theresienstadt

Es war an einem Oktobertag in der Tschechoslowakei. Ich schritt durch die Höfe, Kasematten und Gräben der alten Festung Theresienstadt, heute eine Erinnerungsstätte für die Willkür und Grausamkeit der deutschen Okkupanten, ein Mahnmal für alle, die sich erinnern und auch mahnen lassen wollen.

Der Tag war regnerisch, und im nassen Schleier erschienen die Mauern und Verliese noch trister, noch trostloser, wie Zeichen von Hoffnungslosigkeit.

Bilder kamen mir vor Augen. Es waren die von Menschen, die mir in meinem Leben begegnet waren. Ich sah sie in den kalten und engen Einzelzellen, in den kellerartigen Räumen mit den langen Reihen der Etagenpritschen, auf den Höfen mit den immer wiederkehrenden Appellen, vor den Türen des Krematoriums und unter dem schwarzen Galgen im Festungsgraben. Ich hörte Stimmen wispern, dann wieder klare Sätze, das Weinen der Hilflosen und das Schreien der Gequälten. Deutlicher verstand ich jetzt, was sie mir später berichteten, wenn sie in einsamen Nachtstunden einen Menschen brauchten, der zuhören und aus eigenem Erfahren heraus mitfühlen konnte. Tschechische Juden waren das meistens, denen Theresienstadt entweder Durchgangs- oder Endstation wurde.

So sah ich in Ellas große, dunkle Augen, in denen sich das Schicksal Israels mit allem Judenleid zu spiegeln schien. Ich sah den Bruder, wie er am Galgen hing, zu dem er unter Musikbegleitung von Gefangenen geführt wurde. Und ich nahm den Lagerkommandanten wahr, der, wie auch andere Wärter, Freude am Quälen und Entehren der ihnen Ausgelieferten deutlich zu zeigen wußte. „Adolf Hitler! Sieg Heil!", welche Blasphemie über dem *Sch' ma Jisrael*, in Todesstunden gestammelt.

So saß ich lange Zeit auf der Schwelle einer Zelle und starrte auf die Mauern des Hofes. „Arbeit macht frei", das steht in großen Lettern über dem Tor, wie eine Einladung zum Tod. Ich konnte das Grauen, das mich frieren ließ, nicht abschütteln, denn auch Auschwitz wurde gegenwärtig und Maidanek und Treblinka und Mauthausen, wie auch das flackernde Feuer von Yad Vaschem. Vergessen? Für Betroffene ist das unmöglich. Sie bleiben Gezeichnete ihr Leben lang. Verdrängen? Die Bilder des Schreckens kommen immer wieder und suchen zu fangen, zu binden und der Seele Gewalt anzutun.

Warum war das alles? Warum mußte das so sein? Die Frage nach dem Leid im jüdischen Schicksal ist nicht nur für die Betroffenen immer auch die Frage nach dem Gott Israels. Die Antworten darauf mit Schuld und Sühne, Gericht und Gnade auf Gehorsam und Ungehorsam bleiben unzureichend. Die Last Gottes erscheint zu schwer, zu erdrückend und niemals befreiend. Wo bleibt Gott in seiner Liebe und Güte, in seinem Erbarmen und in seiner Hinwendung zu den Leidenden und Gequälten? Gott als Schutz und Schild Israels? Ist er nicht für viele in Auschwitz, Maidanek, Treblinka und Theresienstadt gestorben? Hat nicht sein Evangelium für Juden und auch für Christen jede Gültigkeit verloren?

„Gott wird abwischen alle Tränen", das ist jüdische und christliche Hoffnung. Ihre Erfüllung gilt für die Zeit des Messias. Doch mancher hat in seinem Leben solche Hoffnung verloren oder begraben müssen. Andere dagegen haben an ihr festgehalten, selbst im Sterben noch: *Sch' ma Jisrael*! Gott kann nicht treulos werden.

So haben, trotz allem Leid, immer wieder Menschen zu dieser Hoffnung gefunden und in ihr gelebt, weil sie Erfüllung fanden, die dem Tod allen Schrecken nahm. Sie haben erkannt, daß die Antwort auf das Warum nach dem Handeln Gottes an uns nur bei dem Juden Jesus von Nazareth zu finden ist, der am Kreuz zum leidenden Gottesknecht wurde und die Liebe Gottes im Leiden an seinen Geschöpfen offenbarte. Das zu empfangen und das aufzuzeigen ist unmöglich ohne das kommende Heil, das zur Gegenwart werden will für diejenigen, die sich ihm hingeben. Gottes Leiden an uns und Gottes Leiden für uns: so steht Gott an der Seite aller, die das Grauen dieser Welt verschlingen will. Er wird zum Bruder der Geschlagenen, Gefolterten und Entehrten. Er geht mit ihnen den Weg zum Schafott und wartet jenseits des Grabes, um zu empfangen, zu trösten und zu heilen: „Gott wird abwischen alle Tränen."

Ist das billige Vertröstung auf ein nicht vorhandenes Jenseits? Der alte Trick der Religionen, den Menschenverstand mit dem Weihrauch des Glaubens zu vernebeln? Solch billiger Spott verstummt vor den Mauern von Theresienstadt. Es bleibt entweder bedrückende Ohnmacht oder die Hoffnung, die uns trösten will: „In der Welt habt ihr Angst; aber seid getrost, *ich* habe die Welt überwunden."

Schawuot — Jüdisches und christliches Pfingsten

Gegenüber dem Fest der Christgeburt (Weihnachten) und dem Fest der Auferstehung Jesu (Ostern) ist das Pfingstfest in seiner Bedeutung in der Christenheit weithin unbekannt geworden.

Ein theologischer Lehrer sagte einmal, daß man in unseren Kirchen einen besonderen Altar aufstellen müßte, wie das einst die Griechen in Athen taten, mit der Inschrift: „Dem unbekannten Gott", wenn man auf den Heiligen Geist aufmerksam machen wolle. Pfingsten, das Kommen des Heiligen Geistes, die Geburtsstunde der Kirche Jesu Christi und ihr Zeugnis für die Völkerwelt in der Kraft des Geistes Gottes sind, was auch kirchentreue Christen nicht immer wissen, keineswegs ein Neuanfang in der Geschichte Gottes mit den Menschen. Sie sind die Fortsetzung einer sehr alten Tradition, die mit Gott und dem jüdischen Volk im Sinai begann. Dort geschah erstmals das jüdische Pfingstfest *Schawuot*, das sich von nun an Jahr für Jahr wiederholt, nach dem jüdischen Kalender am 6., dazu in der Diaspora auch am 7. Siwan. Dieses Fest Israels bildet den Hintergrund oder auch Urgrund des christlichen Pfingstfestes, ohne den man letzteres in seinem vollen Inhalt nicht verstehen kann.

Das Fest der Erstreife

Das Wort Pfingsten ist abgeleitet von dem griechischen Pentecoste, d.h. der Fünfzigste. Gemeint ist der fünfzigste Tag nach dem ersten Tag Pessach, an dem gemäß 3 Mose 23,15f *Schawu-ot* gefeiert werden soll. Das sind sieben Wochen (5 Mose 16,9), deshalb *Chag ha Schawuot* (Fest der Wochen oder Wochenfest), im Jiddischen *Schwu' es.*

Die Zeit der 50 Tage, angefangen vom zweiten Pessachtag bis zum ersten Tag *Schawuot,* wird vom Omerzählen bestimmt. *Omer* ist das hebräische Wort für Garbe. Gemeint ist für *Pessach* die Gerstengarbe, die als Opfergarbe vor dem Tempel in Jerusalem wichtig war. An *Schawuot* sind es Weizenbrote. Damit ist erklärt, daß *Pessach* und *Schawuot* zunächst Erntedankfeste sind, wie auch *Sukkot,* das Laubhüttenfest.

Durch die Omerzählung besteht zwischen *Pessach* und *Schawuot* ein starker Zusammenhang. In einer Zeit, als man einen festen Kalender noch nicht kannte, war das exakte Zählen sehr wichtig, um die Festtermine genau einhalten zu können, denn sie waren ja Gottes Gebot. Mit der Mühe des genauen Zählens aber wurde jeder Tag im Bewußtsein der Gemeinde und des einzelnen ein Vorbereitungstag hin auf *Schawuot.*

In der biblischen Zeit waren mit den drei Erntefesten Wallfahrten nach Jerusalem verbunden. Es waren Feste der Freude und des Dankes in der Erinnerung auch an jene dunkle Zeit, als das Volk in Armut, Elend, Angst und Not leben mußte: „Mein Vater war ein Aramäer, dem Umkommen nahe, und zog hinab nach Ägypten und war dort ein Fremdling . . . Aber die Ägypter behandelten uns schlecht, bedrückten uns und legten uns einen harten Dienst auf . . . Aber der Herr errettete uns aus Ägypten und brachte uns an diese Stätte und gab uns dies Land, darin Milch und Honig fließt. Nun bringe ich die Erstlinge der Früchte des Landes, das du, Herr, mir gegeben hast" (5 Mose 26,5ff).

So galt *Pessach* als Dankfest für die Gerstenernte, *Schawuot* für die Weizenernte und *Sukkot* für die Ernte von Wein und Obst.

„Die frühesten Erstlinge deines Ackers sollst du in das Haus des Herrn, deines Gottes, bringen" (2 Mose 23,19). — Und: „. . . ein jeder mit dem, was er zu geben vermag, je nach dem Segen, den der Herr, dein Gott, dir gegeben hat" (5 Mose 16,16f). Dafür gab es sieben Haupterzeugnisse der Ernte: Gerste, Weizen, Dattelhonig, Feigen, Trauben, Oliven und Granatäpfel, die als „Erstreife" (*bikkurim*) dargebracht wurden.

An der Wallfahrt zum Tempel sollten sich alle beteiligen, die älter als zwanzig Jahre sind. Von hier aus bekommt das Wort seinen Sinn, daß Israel ein Reich von Priestern und ein heiliges Volk sein soll.

Nach einer Darstellung im Talmud hatte sich für das Heranbringen der Früchte eine bestimmte Ordnung gebildet. An einem festgesetzten Tag versammelten sich die Einwohner eines Bezirks in ihrem Hauptort. Die gemeinsame Wanderung begann mit den Worten: „Wir wollen uns aufmachen und nach Zion gehen zum Hause des Herrn, unseres Gottes." Je nach den Vermögensverhältnissen brachte man seine Gaben in einfachen Körben oder in solchen aus Silber oder Gold, die dann dem Tempel überlassen wurden. In Jerusalem angekommen, formierten sich die Wallfahrer zu einem Festzug, den Priester zum Tempelplatz geleiteten. Ein mitgeführter Ochse, dessen Hörner mit Gold geschmückt waren, trug auf seinem Haupt eine Olivenkrone. Flötenspieler sorgten mit für die Festesfreude des Zuges. Bei der Übergabe des Festkorbes sprach ein männlicher Wallfahrer die Worte aus 5 Mose 26,5-10.13-15 als Bekenntnis vor Gott und zu seinem Volk.

Am zweiten *Pessach*-Tag, das ist nach jüdischem Kalender der 16. Nissan, wurde vor dem Tempel, wie schon erwähnt, eine Gerstengarbe — oder Omer — geschwungen, die man deshalb auch „Schwingegarbe" nannte. Am *Schawuot* aber, dem 6. Siwan, waren es zwei Weizenbrote, jedes aus einer Garbe gebacken, die geschwungen dargebracht wurden (3 Mose 23,17).

Heute wird *Schawuot* im Land Israel als fröhliches Volksfest, als *Chag ha Bikkurim* (Fest der Erstreife) in den Städten und auf dem Land begangen. Geschmückte Erntewagen mit vollen „Bikkurim-Körben" durchziehen die Straßen, und es wird gesungen und getanzt. Es ist auch Brauch, die Synagogen und, so gewünscht, auch Häuser mit frischem Grün zu schmücken.

Fest der Toragebung

Das Fest *Schawuot* hat aber noch einen ganz anderen Inhalt, wie das auch bei den anderen Wallfahrtsfesten der Fall ist.

Mit dem Passah-Fest verbunden ist das Gedenken an die Befreiung Israels aus Ägypten, aus der Sklaverei zur Freiheit, aus dem Tod zum Leben. Dabei wurde das die Juden verschonende Blut des Opferlammes wichtig.

Mit *Schawuot* verbindet sich die Erinnerung an die Offenbarung der Tora im Sinai, als Weisung zum Leben. Beides, *Pessach* und *Schawuot*, Befreiung aus der Knechtschaft und Bindung an die Tora sind Gaben Gottes, die Israels Existenz begründen.

Nach rabbinischer Überlieferung geschah die Offenbarung der Tora im Sinai am 50. Tag nach dem ersten Pessachtag. Damit wird deutlich, daß die Omerzählung noch ein ganz anderes Gewicht hat: sie gilt auch als Vorbereitungszeit für den Tag, an dem man sich als Jude der Toragebung würdig erweisen sollte. Denn nach der Überlieferung hätte man am Tage der Gabe der Tora sie so zu hören, als würde sie ganz neu, also heute gegeben. Das entspricht dem Motiv des Passahfestes, das man so begehen sollte, als hätte man die Befreiung aus Ägypten selbst erlebt. Deshalb gilt die Zeit des Omerzählens bei den religiösen Juden als ernste Zeit, in der keine Hochzeiten oder andere Vergnügungen begangen werden. Dies wird nur am 33. Tag des Omerzählens, dem *Lag ba Omer*, und heute auch vom Unabhängigkeitstag Israels — *Jom Hazmaut* — unterbrochen.

In der Nacht zu *Schawuot* versammeln sich fromme Juden und beschäftigen sich mit dem Rezitieren von Torastellen und Gebeten, die dann in der Morgendämmerung übergehen zum Morgengebet Israels.

Zusammen mit dem Ernst der Omertage kann dies verstanden werden, wenn man weiß, wie sehr die Tora Mittelpunkt des jüdischen Glaubens ist und hier die gleiche Heiligkeit wie Gott selbst besitzt. Mit der Gabe der Tora verbindet sich das Gedenken an den Bundesschluß Gottes mit Israel und an das Gelübde des Volkes: „Alles, was der Herr geredet hat, wollen wir tun" (2 Mose 19,8). So gilt *Schawuot* auch als Geburtsstunde Israels als Volk Gottes, das von nun an in der Bindung an Gott zu leben hat und diesem Gebundensein nicht mehr entrinnen kann. Das Band aber, das Israel mit der Wirklichkeit Gottes unauflösbar zusammenhält, ist nach jüdischem Glauben die Tora, und es ist naheliegend, daß am *Schawuot* im Gottesdienst der Synagoge die Kapitel 19 und 20 aus dem zweiten Buch Mose gelesen werden. Bei allen Gottesdiensten, wann immer die Torarollen der Heiligen Lade entnommen werden, wird der Lobpreis gesprochen: „Gelobt seist du, Ewiger, unser Gott, König der Welt, der uns erwählt hat aus allen Völkern und uns seine Tora gegeben. Gelobt seist du, Ewiger, der die Tora gegeben."

Sammlung und Sendung

Was verbindet nun das christliche mit dem jüdischen Pfingstfest? Zunächst müssen wir zur Kenntnis nehmen, daß die urchristliche Gemeinde im jüdischen Volk entstand. Ihre Glieder waren Juden, die sich keineswegs vom jüdischen Volk getrennt und von seinen Bräuchen entlassen sahen. Der Gott Abrahams, Isaaks und Jakobs war auch ihr Gott. Die Geschichte Gottes mit Israel blieb auch ihre Geschichte. Der jüdische

Glaube war auch ihr Glaube. Doch dieser Glaube kam für sie an das von Gott gewollte und vorbereitete Ziel bei dem, den sie als Jeshua ha Maschiach erkannten, also in Jesus Christus. Für sie und nach ihrer Erkenntnis auch für ganz Israel war es Jesus Messias, der stellvertretend die Tora erfüllte mit dem von Israel geforderten, aber nie vollkommen gebrachten Gehorsam und der totalen Hingabe am Kreuz. „Er ward gehorsam bis zum Tode, ja zum Tode am Kreuz. Darum hat ihn auch Gott erhöht . . ." (Phil 2,8f und Mt 5,17).

Das war und ist die zentrale Aussage im Glauben jüdischer Christen. Deshalb wurde das Passahfest mit der Sederfeier und den Zeichen von Brot und Wein, dem Gedenken an das verschonende Blut des geopferten Lammes, in dem sie die Gegenwart ihres gekreuzigten Herrn erkannten und schließlich seine Auferstehung zu einem Ereignis, das für sie Befreiung aus der Sklaverei der Sünde bedeutet.

Von da an bis zum Pfingstfest, bis *Schawuot*, vergingen auch für sie die 50 Tage der Omerzählung. Sie wurden, wie sie später erkannten, zu einer Zeit der stillen, von ihrem Herrn gewollten Vorbereitung auf das Pfingstereignis hin. In dieser Zeit wurden aus verstörten und ratlosen Jüngern, auch durch die Begegnungen mit dem Auferstandenen, Menschen, die dann zubereitet und offen das Pfingstwunder empfangen konnten.

So geschah für sie *Schawuot* in Jerusalem, dort, wo sie an diesem Wallfahrtsfest hingehörten. Wie einst im Sinai, als sich Gott dem Volk im Feuer offenbarte (2 Mose 19,18), so erfuhr die Jüngerschar die Offenbarung der Gotteswirklichkeit in den Zeichen der Feuerzungen, wie immer man das im Jüdischen bezeichnen will, ob als *Ruach ha Kodesch*, den Geist der Heiligkeit, oder als *Schechina*, als Herrlichkeit oder Gegenwart Gottes.

Damit wurde die Gemeinde Jesu in ähnlicher Weise erwählt, wie einst Israel im Sinai. Wie dort wurde auch hier der 50. Tag nach Pessach, also Pfingsten oder *Schawuot*, die Geburtsstunde der Gottesgemeinde. Oder anders gesagt, Pfingsten ist sowohl die Geburtsstunde Israels als Gottesvolk als auch die Geburtsstunde der Kirche Jesu Christi als Volk des Herrn. Das Neue Testament ist der Meinung, daß beides zusammengehört (Eph). In einer jüdischen Überlieferung heißt es: Als die Tora gegeben wurde, geschah dies in 70 Sprachen. Wenn man weiß, daß 70 die jüdische Symbolzahl für die Völkerwelt ist, dann versteht man auch das Pfingstwunder deutlicher. Hier bekamen die Zuhörer die großen Taten Gottes ein jeder in seiner Muttersprache bezeugt.

Die in Jesus Christus für uns alle, für Juden und auch Heiden, erfüllte Tora wurde von nun an zu einem Zeugnis, das im Feuer des Geistes Gottes sich durch seine Zeugen ausbreitete bis an die Enden der Erde, was auch heute noch geschieht und nach Jesu Willen (Mt 28,18-20) auch geschehen soll.

Volk Gottes aus Juden und Heiden

Vielleicht ist es noch interessant zu wissen, daß an *Schawuot* auch das Buch Ruth in den Synagogen gelesen wird, also von jener Frau, die als Heidin durch Boas in das jüdische Volk aufgenommen wurde und die Stammutter des König David wurde. Deshalb gilt *Schawuot* auch als Fest der *Gerim*, der ins Judentum aufgenommenen Nichtjuden. In der Vereinigung des Juden Boas und der Moabiterin Ruth haben spätere Ausleger ein Vorbild für die werdende Kirche aus Juden und Heiden gesehen. Mit den beiden mit Hefe gebackenen Schwingebroten verglichen sie die Versöhnung von Juden und Heiden mit Gott, die Gottes Geist bewirken soll (Eph 2,18). In seinem Geist ist Kirche das, was ohne ihn nicht geschehen kann, nämlich: Leib Christi, eins in ihm, ob Juden oder Heiden, Freie oder Unfreie, wie es der Apostel Paulus in 1 Kor 12,12f und Gal 3,28 verstehen wollte.

Noch einmal die Frage: Ist der Heilige Geist wirklich ein unbekannter Gott? Oder füllt er nicht beides, die Geschichte Gottes mit Israel und die mit seiner Kirche, was immer Menschen gegen ihn daraus gemacht haben.

„Komm, Heiliger Geist, Herre Gott, erfüll mit deiner Gnaden Gut deiner Gläub'gen Herz, Mut und Sinn, dein brünstig Lieb entzünd in ihn' . . ."

Tischa b' Aw, der 9. Aw —
ein Trauertag Israels

Trauer um Jerusalem

„Tröste, Ewiger, unser Gott, die um Zion trauern und die um Jeruschalajim weinen. Tröste die Stadt, die traurige, zerstörte, verachtete und verödete, die trauert, weil sie ohne ihre Kinder ist. Zerstört sind ihre Paläste, verachtet ist ihre Ehre, verödet, weil sie unbewohnt. Sie sitzt mit verhülltem Haupt wie eine unfruchtbare Frau, die nie geboren hat. Legionen haben sie verwüstet, Götzendiener sie eingenommen. Dein Volk Israel gaben sie dem Schwerte preis, töteten mit Frevelmut die Frommen des Höchsten. Darüber weint Zion bitterlich, und Jeruschalajim klagt über ihre Erschlagenen. Denn du, Ewiger, im Feuer hast du sie verbrannt . . ."

Das ist ein Gebet Israels, das in den Synagogen zusätzlich zur üblichen Liturgie am 9. Aw gesprochen wird. Dieser Tag gehört zu den vier Trauertagen im jüdischen Kalender, die der Zerstörung Jerusalems gelten. Es sind dies der 3. *Tischri* oder „Fasten Gedalja" genannt. Er gilt der Erinnerung an die Ermordung des letzten jüdischen Statthalters unter Nebukadnezar, der Jerusalem zerstörte, Israel nach Babylon deportierte und damit die Existenz des jüdischen Staates beendete. Der nächste Trauertag ist der *10. Tewet.* Mit ihm begann die Belagerung Jerusalems durch die Römer im Jahre 70 n. Chr. Dann der *17. Tammus.* Das ist der Tag, an dem die römischen Legionen in die Vorstadt Jerusalems einbrachen. Und wenige Wochen später, unter dem damaligen General Titus, geschah am 9. *Aw* die vollständige Eroberung Jerusalems, also auch der Innenstadt und des Tempelbezirks. Dabei ging der Tempel in Flammen auf. Jerusalem wurde zerstört und der bis dahin überlebende Teil der jüdischen Einwohner wurde entweder grausam ermordet oder in die Gefangenschaft und Sklaverei abgeführt.

Diese vier Trauertage gelten, wie auch der Versöhnungstag (*Jom Kippur*), als Fastentage, an denen das jüdische Volk seine Betroffenheit und seinen Schmerz über die wohl größte nationale Katastrophe in seiner Geschichte zum Ausdruck bringt. Denn mit der Zerstörung Jerusalems und des Tempels erlosch der Opferdienst: „Wir sind nicht mehr imstande, unsere Pflichten zu erfüllen in dem Hause, das du erwählt hast, in dem großen und heiligen Hause, über dem dein Name genannt wird" (Jüd. Gebetbuch).

Fasten als Zeichen der Trauer

Das Fasten jüdischer Menschen beginnt am Vorabend und dauert am 9. Aw bis zum Abend, wenn die Sterne am Himmel sichtbar sind. In diesen 24 Stunden nehmen die Trauernden, wie am Versöhnungstag, weder Speise noch Trank zu sich. Es ist ihnen geboten, keine Lederschuhe zu tragen, keine öffentliche Arbeit zu verrichten. D.h. es ist den Trauernden auch nicht erlaubt, sich zu waschen oder zu baden. Im äußersten Fall dürfen die Finger und die Augen gereinigt werden, denn der 9. Aw gleicht dem Schiwa-Sitzen bei einem Verstorbenen. Man sitzt auf niedrigen und harten Schemeln, der Erde und dem Grabe am nächsten, verzichtet auf nicht notwendige Beleuchtung in den Häusern und Synagogen, verbringt den Abend im Dämmerlicht oder im Halbdunkel.

Man unterläßt Spaziergänge, und in Trauer befangen wird man niemanden grüßen. Es ist aber Brauch, am 9. Aw die Friedhöfe zu besuchen. Das können auch nichtjüdische Beerdigungsstätten sein, denn von der Zerstörung Jerusalems und des Tempels ist ja nicht nur Israel betroffen, sondern alle Welt, da sie ihr geistliches Zentrum verloren hat.

Die Frommen trennen sich von der Beschäftigung mit der Tora und des Talmuds mit Ausnahme der Stellen, die von der Zerstörung Jerusalems und des Tempels handeln oder von den Vorschriften für Trauertage. Das wird damit erklärt, daß die Beschäftigung mit der Lehre Gottes für Israel eine Lust und Freude bedeutet, die am Trauertage keinen Raum haben darf (Ps 119,47.162).

Eine Steigerung im Trauerverhalten bedeutet es, wenn besonders Fromme in der Nacht vom 8. zum 9. Aw statt der Kopfkissen Steine benutzen, auf denen ihre Häupter liegen, oder wenn sie das Fasten auf zwei Tage ausdehnen, ebenso, wenn sie Brot mit Asche statt mit Salz essen.

Der Toraschrein in der Synagoge trägt an diesem Tage keinen Vorhang, und die Betenden werden am Vormittag keine Gebetsriemen (*Tefillin*) und auch nicht den Gebetsmantel (*Tallit*) anlegen. Das ist erst wieder beim Nachmittagsgottesdienst erlaubt, da nach der Mittagsstunde die Trauer um den Tempel milder werden darf. Dann ist auch das Gebot des Sitzens auf Schemeln, das Verbot des Tragens von Lederschuhen und das Verrichten von Arbeit in der Öffentlichkeit aufgehoben. Doch Waschverbot und Fastengebot bleiben noch.

Die Klagelieder

Im Gottesdienst wird am 9. Aw nach dem Morgengebet aus der Tora gelesen (5 Mose 4,25ff). Dort wird vom Verlust des Landes für Israel geschrieben, das um seiner Sünde willen vertrieben werden wird. Als Zusatzlesung (*Haftara*) wird aus Jer 8 und 9 vorgetragen. In seiner Betroffenheit und Buße hat Israel den Verlust seines Landes auch als Gericht Gottes verstanden und in sein Beten aufgenommen: „Um unserer Sünden willen wurden wir aus unserem Land vertrieben und von unserem Boden entfernt . . ." Am Abend vorher wurden die Klagelieder Jeremias (*Echa*) vorgetragen, die die Zerstörung des Tempels zum Inhalt haben. Das Schlußgebet der Gottesdienste ist das in Kurzform gehaltene *Kaddisch*-Gebet, wie es über Tote gesprochen wird (*Kaddisch titkabel*).

Eine Besonderheit des Vormittagsgottesdienstes — der oft bis zur Mittagszeit dauern kann — sind die in trauriger Stimmung vorgetragenen Klagelieder (*Kinot*), die im Mittelalter entstanden sind. Von hohem dichterischem Niveau sind darunter die Zionslieder (*Zionim*) Jehuda Halevis (etwa 1083 bis 1141).

Die Trauerzeit

Mit dem Abend des 9. Aw ist dann das Fasten, nicht aber die Zeit der Trauer beendet, denn bis zum Mittag des 10. Aw darf kein Fleisch gegessen und kein Wein getrunken werden, da der Tempel bei seiner Zerstörung bis in den Nachmittag des 10. Aw brannte. Die Trauerzeit für den 9. Aw hatte aber schon eine Vor-Zeit, die mit dem 17. Tammus begann, also drei Wochen dauerte. Während dieser Zeit durfte man nicht von Früchten essen, die man in diesem Jahr noch nicht gegessen hatte. Der Grund dafür ist, daß man für solches Tun einen Segensspruch hätte sprechen müssen, aus Dankbarkeit für die Freude, daß man diese erleben darf: „. . .daß er uns leben ließ, uns erhalten hat und uns erreichen ließ diese Zeit." Das aber paßt nicht zur Trauer. Mit der gleichen Begründung darf man auch kein neues Gewand (Kleid oder Anzug) anziehen und kein Haus beziehen. Ebenso dürfen in den Trauerwochen keine Ehen geschlossen werden, da Hochzeiten ohne Fröhlichkeit, Ausgelassenheit und Tanz undenkbar sind.

Innerhalb der Trauerwochen gelten die Tage vom 1. bis 9. Aw als Zeit „vermehrter Trauer". Sie werden mit noch größerem Ernst begangen. Der Schabbat vor dem 9. Aw wird *Schabbat Chason* (Vision) genannt, weil der hier als *Haftara* gelesene Text aus Jes 1,1-27 mit dem Wort *Chason* beginnt und mit den Worten endet: „Zion muß durch Gericht erlöst werden . . ."

Was Gericht Gottes ist, das ist im Bewußtsein der im jüdischen Glauben lebenden Gottesgemeinde festgehalten worden. Es waren die geschichtlichen Katastrophen, die wie Sturmfluten oder Feuersbrünste das jüdische Volk überfielen aufgrund seines religiösen und damit auch politischen Versagens (Jes 7,9). Deshalb können sich jüdische Menschen von der Geschichte ihres Volkes nicht trennen, so sehr das immer wieder versucht wurde und wird. Und solange Israel auf den Tempel Gottes, dessen Platz der Zionsberg in Jerusalem ist, verzichten muß, sind Glaube und Glaubensleben des Volkes unvollständig. Die Synagoge und ihre Gottesdienste bleiben als geistlicher Mittelpunkt für den jüdischen Glauben nur Ersatz. Deshalb werden Trauer und Klage um den verlorenen Tempel nicht aufhören, und die Worte Jeremias aus den Klageliedern gehören mit zur immer wiederkehrenden Betroffenheit der um Jerusalem und Zion Trauernden.

So klagt Zion: „Ach, Herr, sieh doch, wie bang es mir ist, daß mir's im Leibe davon weh tut! Mir dreht sich das Herz im Leibe um, weil ich so ungehorsam gewesen bin. Draußen hat mich das Schwert und im Hause hat mich der Tod meiner Kinder beraubt" (Klgl 1,20).

Darum: „Laßt uns erforschen und prüfen unseren Wandel und uns zum Herrn bekehren! Wir, wir haben gesündigt und sind ungehorsam gewesen, darum hast du nicht vergeben!" (Klgl 3,40.42).

Trauerzeichen im Leben des einzelnen

Auch für das persönliche Leben jüdischer Menschen gelten Brauchtumszeichen, die ihnen die Unvollständigkeit des jüdischen Glaubens bewußt halten. Denn es kann auch für den einzelnen keine vollkommene Freude geben, solange „die schönen Gottesdienste im Hause des Herrn" (Ps 27) nicht möglich sind. So wird bei jeder Hochzeit ein kostbares Gefäß zerschlagen oder zumindest ein Weinglas zertreten als Trauerzeichen für den zerstörten Tempel. In den Schmuck für Frauen wird absichtlich ein Fehler eingearbeitet. Beim Neubau eines Hauses sollte ein Teil über dem Eingang nicht verputzt oder angestrichen werden. Und auf der Sederschüssel beim Passahfest liegt seit der Zerstörung des Tempels ein gekochtes Ei, das, wie bei der Beerdigung eines Toten, in Salzwasser getaucht gegessen wird. Es gilt dem „gestorbenen" Tempel, von dem man hofft, daß er einst wieder erstehen wird, wenn der Messias kommt, denn das Ei gilt ja auch als Zeichen für das Leben, hier für die „Auferstehung" des Tempels.

Weitere Ereignisse zum 9. Aw

Mit dem Trauertag des 9. Aw hat aber die jüdische Tradition noch andere Ereignisse in der Geschichte Israels festgehalten:
* Im Jahre 586 v.Chr. wurde der erste Tempel Israels durch Nebukadnezar zerstört. Das geschah am 9. Aw.
* Am 9. Aw des Jahres 70 n.Chr. wurde der zweite Tempel Israels durch Titus vernichtet.
* Die Festung Betar war die letzte Bastion im verzweifelten Freiheitskampf der Zeloten unter Bar Kochba gegen Rom. Sie fiel am 9. Aw 135 n. Chr., und Bar Kochba, von dem man geglaubt hatte, daß er der Messias sei, wurde an diesem Tage erschlagen.

* Am 9. Aw des Jahres 1492 mußten die Juden Spanien verlassen.
* Am 9. Aw begann 1914 der Erste Weltkrieg, der für die osteuropäischen Juden so folgenschwer wurde.

Nur der Holocaust mit seinem alles Bisherige übersteigenden Grauen konnte mit der Trauer des 9. Aw nicht mehr in Verbindung gebracht werden. Denn für die hier aufgebrochenen Fragen fehlen gültige Antworten, nach denen auch unter glaubenden Juden noch immer gesucht wird. Deshalb hat das Gedenken an dieses unfaßbare Ereignis einen anderen Platz im Jüdischen Kalender: *Jom ha-Schoa*, der 27. Nissan.

Die Antwort Gottes: Trost

Der Schabbat nach dem 9. Aw trägt den Namen *Schabbat Nachamu* (Schabbat des Trostes). Denn auch in seinen Gerichten hat der Gott Abrahams, Isaaks und Jakobs sein Volk Israel nicht verlassen, und die Trauer der Glaubensgemeinde blieb nicht unbeantwortet. Den Ausklang des 9. Aw werden die Worte aus Jes 55,7 als Bußruf und Mahnung begleiten: „Der Gottlose lasse von seinem Wege und der Übeltäter von seinen Gedanken und bekehre sich zum Herrn, so wird er sich seiner erbarmen, und zu unserem Gott, denn bei ihm ist viel Vergebung."

Darauf antwortet der *Schabbat Nachamu* mit Worten aus Jes 40, die in der *Haftara* gelesen werden: „Tröstet, tröstet mein Volk! spricht euer Gott!"

Deshalb ist es nicht unverständlich, wenn nach jüdischem Glauben der 9. Aw auch der Tag sein wird, an dem der Messias erscheint und Israel in die Erlösung und Vollendung führt. Mit ihm wird dann der dritte und letzte Tempel Israels gebaut werden als Zeichen und Zentrum des Heils für Israel und für die Völker.

Der 9. Aw und die Christen

Auch für Christen hatte und hat der 9. Aw eine wesentliche Bedeutung. Das „Gedenken an die Zerstörung Jerusalems" fand Eingang in den Kalender der Kirche und wurde mit dieser Bezeichnung am 10. Sonntag nach Trinitatis begangen. Heute nennt man ihn „Israelsonntag", was dem Wesen und der Bedeutung dieses Tages nicht mehr ganz entspricht.

Das hat seinen Grund darin, daß die Christenheit selbst das Gedenken an die Not Israels nicht mehr verstand und den Inhalt des Tages verfälschte. So wurde es ein Tag, an dem man auch über die gepredigten Texte glaubte, sich vom Judentum deutlich absetzen und abgrenzen zu müssen. Christlicher Hochmut verlieh der Kirche das triumphale Bewußtsein, das „neue Israel" zu sein und das „alte Israel", also die Juden, als von Gott verdammt und vor ihm verloren zu sehen.

Dabei hätte der 10. Sonntag nach Trinitatis ein Tag der Solidarität mit dem trauernden und in Buße vor Gott stehenden Gottesvolk der Juden sein können. Denn Trauer und Buße über das eigene Versagen, über die eigene Blindheit für die Wirklichkeit Gottes in ihrem Leben wäre auch der Christenheit gut angestanden. Auch in ihrer Geschichte waren die Zeiten selten, in denen sie erkannte, „was zu ihrem Frieden dient". Dafür hätte der 9. Aw ihr Mahnung und Beispiel sein sollen (Röm 11,22). Sie hätte sehen müssen, wie sich auch Jesus vorausschauend und vorauswissend in die Trauergemeinde seines Volkes einreihte, das er doch nie abgelehnt und verleugnet hat. Sein Klagen über die Zerstörung Jerusalems und des Tempels (Lk 19,41-44) entsprach ganz dem, was das fromme Israel am 9. Aw in Trauer vor Gott ausbreitet.

Solches Erkennen und Verstehen war in der Christenheit nicht möglich und ist auch heute weiterhin nicht vorhanden. Das ist beklagenswert — auch für den „Israelsonntag". Beklagenswert deshalb, weil Christen doch um den Trost Gottes wissen müßten, der ihnen in Jesus Christus begegnet ist, und weil sie das andere Gotteshaus kennen sollten, „erbaut auf dem Grund der Apostel und Propheten, da Jesus Christus der Eckstein ist" (Eph 2,20). In Trauer und Buße, im Bekenntnis ihres eigenen Versagens, auch gegenüber dem jüdischen Volk, würden sie das Trostwort aus den Klageliedern Jeremias besser verstehen und annehmen können: „Die Güte des Herrn ist's, daß wir nicht gar aus sind, seine Barmherzigkeit hat noch kein Ende." Darum: „Tröste, Ewiger, unser Gott, die um Zion trauern und die um Jeruschalajim weinen . . .".

Schabbat — Schalom

„Der Schabbat ist die Quelle des Segens, vom Anfang, von der Urzeit her geweiht" (aus der Schabbat-Liturgie im Gottesdienst).

„Gedenke des Schabbattages, daß du ihn heiligst. Sechs Tage sollst du arbeiten und alle deine Werke tun. Aber der siebente Tag, das ist der Schabbat des Herrn, deines Gottes, da sollst du kein Werk tun . . . Denn in sechs Tagen hat der Herr Himmel und Erde gemacht und alles, was darinnen ist, und ruhte am siebenten Tage. Darum segnete der Herr den Schabbattag und heiligte ihn" (2 Mose 20,10f).

Dies ist das Wesentliche des biblischen Gebotes für den wöchentlichen Feiertag der Juden, der als einziger der Wochentage Israels nicht eine Ziffer, sondern einen Namen trägt: Schabbat, auf deutsch: Ruhe.

Gemeint ist die Ruhe Gottes, zu der uns Gott einmal wöchentlich einlädt. Er bietet sie uns an, er will sie mit uns teilen, uns zum Heil. Die Annahme dieses Angebotes heißt den Feiertag heiligen.

Es heißt deshalb folgerichtig: So spricht der Herr: „Die Kinder Israel sollen den Schabbat hüten" (2 Mose 31,16f), d.h. ihn für Gott bewahren und schützen. Und es heißt nicht, sie sollen den Schabbat „halten" im Sinne von festhalten, als sei der Schabbat Eigentum des Menschen.

Und es heißt weiter: „Er ist ein ewiges Zeichen zwischen mir und den Kindern Israel." Damit wird wie im Abrahamsbund die Beschneidung, so im Sinai- oder Mosesbund der Schabbat zum Bundeszeichen, das Bundestreue fordert.

Gemeint ist aber noch mehr: Gottes Ziel mit Israel und der Welt ist sein Friedensreich eines ewigen Schaloms und Schabbats. Die Schabbatruhe am siebenten Tag der Woche zu empfangen, bedeutet eine Vorwegnahme des kommenden Heils für unsere Gegenwart, bedeutet heute schon Anteilhaben an der zukünftigen Welt. Zukünftiges Heil für uns schon heute in unserem Leben mit aller Mühe und Arbeit, mit aller Plage und Schinderei. Deshalb ist für Juden der Schabbat ein Tag der Freude. Über ihn darf Schabbatfreude herrschen, wie es heißt: „Freitag zur Nacht ist jeder Jud ein König! Das ganze Stübele lacht und alle Menschen sind fröhlich!"

Zwischen den sechs Wochentagen des Menschen und dem Schabbat Gottes gibt es zwei Schwellen, die bewußt überschritten werden müssen. Sie heißen Schabbat-Eingang und Schabbat-Ausgang. Sie trennen das Werktägige vom Heil der Ruhe. Damit wird vom jüdischen Menschen verlangt, daß er mit Schabbatbeginn sich auch im Denken völlig löst von allem Alltagsgeschehen, seinen Aufgaben und Problemen, von allen Sorgen und Nöten. Werktätigkeit mit allem, was damit zusammenhängt, darf am Schabbat keinen Raum haben. Das geht so weit, daß der fromme Jude an diesem Tage nicht einmal Geld in seinen Taschen trägt, auch nicht ein Taschenmesser, weil solches Werk-Zeug ist.

Der Schabbat-Eingang beginnt mit dem Lichtsegen. Er wird von der Hausfrau als „Priesterin des Hauses" mit erhobenen Händen vor zwei Schabbatkerzen gesprochen, deren Licht auf die beiden Worte vom „Gedenken" und „Hüten" des Schabbats hinweisen will. Die werden am Freitagabend bei Schabbat-Beginn zu einer exakt vorberechneten Zeit abhängig vom Sonnenuntergang entzündet.

Vor die Flammen der Kerzen hält die Hausfrau ihre Hände, damit das Schabbatlicht erst nach dem gesprochenen Eingangssegen, mit dem der Schabbat beginnt, für sie sichtbar wird.

„Gelobt seist du, Ewiger, unser Gott,
König der Welt, der uns geheiligt hat
durch seine Gebote und uns geboten,
das Schabbatlicht zu entzünden."

Jetzt ist die Eingangsschwelle zum Schabbat überschritten.

Der Vater ist mit den Kindern, mindestens aber mit seinen Söhnen, in die Synagoge gegangen und empfängt dort mit der Gemeinde den Schabbat, der als „königliche Braut Gottes" mit einem feierlichen Lied besungen wird. Am Schluß dieses Liedes wenden sich die Gottesdienstbesucher dem Eingang zu und verneigen sich, um auf diese Weise die „Schabbatbraut" zu empfangen, die für die Augen nicht sichtbar, aber doch für die Herzen spürbar, ihre Gaben bringt: Freude und Frieden (Schalom) in der Schabbatruhe.

Kommt der Vater mit den Kindern heim, dann entbieten die Kinder den Eltern den Schabbat-Gruß: „Schabbat-Schalom". Die Antwort der Eltern ist jetzt nicht ein Gruß, sondern ein gesprochener Segen. Zu den Buben: „Gott lasse dich werden wie Ephraim und Manasse." Zu' den Töchtern: „Gott lasse dich werden wie Sarah, Rebecca, Rachel und Lea." Warum das? Eltern und Kinder stehen und leben im Judentum in einem ganz anderen Verhältnis zueinander, als es anderswo üblich und denkbar ist. Als Juden gehören sie zu einem Volk, in dem die Väter und Vorväter, die Mütter und Urmütter nie vergessen sind. Denn durch die Väter und Mütter des jüdischen Volkes hat Gott gewirkt an den Kindern und Enkelkindern. Seine Verheißungen und sein Segen wurden durch sie wie in einer Stafette weitergereicht an die Nachkommen und wiederum an deren Nachkommen.

So sind Juden gebunden, eingebunden in die Tradition ihres Volkes. Deshalb sind jüdische Kinder nicht zuerst Kinder der Eltern, sondern Kinder Israels, des Volkes Gottes. Das bestimmt das Verhalten und die Verantwortung der Eltern ihren Kindern gegenüber. Eltern sind Väter und Mütter wie Abraham, Isaak und Jakob Väter des Volkes sind und wie Sarah, Rebecca, Rachel und Lea Mütter des Volkes sind.

In 1 Mose 48,15f heißt es vom sterbenden Jakob über Ephraim und Manasse: „Der Gott, vor dem meine Väter Abraham und Isaak gewandelt haben; der Gott, der mein Hirte gewesen ist mein Leben lang bis auf diesen Tag, der Engel, der mich erlöst hat von allem Übel, der segne die Knaben, daß sie nach meinem und meiner Väter, Abrahams und Isaaks Namen genannt werden auf Erden." Dieses ist gemeint, wenn die Eltern am Schabbat ihre Kinder mit der Kurzform segnen: „Gott lasse dich werden wie Ephraim und Manasse." Denn es heißt: „Wer in Israel jemand segnen will, der sage: Gott mache dich wie Ephraim und Manasse" (1 Mose 48,20).

Nach dem Segen singt der Vater ein Lied zur Begrüßung einer unsichtbaren Welt. Es gilt den Engeln Gottes, die von der Synagoge mitgekommen sind und nun den Schabbat-Frieden in dieses Haus einkehren lassen:

„Friede mit euch, ihr dienenden Engel, ihr Boten des Höchsten, ihr kommt ja vom König der Könige her, vom Heiligen, gelobt sei er.

O, kommt, bringt Frieden, ihr Engel des Friedens, ihr Boten des Höchsten, ihr kommt ja vom König der Könige her, vom Heiligen, gelobt sei er.

Segnet uns mit Frieden, ihr Engel des Friedens, ihr Boten des Höchsten, ihr kommt ja vom König der Könige her, vom Heiligen, gelobt sei er.

Und wenn ihr scheidet, so sei auch dies zum Frieden, ihr Engel des Friedens, ihr Boten des Höchsten, ihr kommt ja vom König der Könige her, vom Heiligen, gelobt sei er."

Anschließend singt oder spricht der Vater das Lied von der guten Hausfrau, wie wir es im biblischen Buch der Sprüche finden: „Eine tüchtige Frau — wer findet sie? Weit über Korallen geht ihr Wert. Auf sie verläßt sich das Herz ihres Gatten, und an

Gewinn fehlt es ihm nicht. Sie erweist ihm Gutes und nicht Böses alle Tage ihres Lebens . . ." usw. (Spr 31,10-31).

Dieses Lied ist etwas ganz Besonderes, denn jeder Vers beginnt in der Reihenfolge mit einem Buchstaben des hebräischen Alphabets. Von A bis Z, von Alef bis Taw, besingt das Lied die Hausfrau und Mutter und zeigt deren Stellung und Wertschätzung in der Familie auf. So wird auch ihre Arbeit für die Familie an jedem Schabbat gerühmt, gelobt und gepriesen. Das sind die Blumen, die ihr mit jedem Schabbat von ihrer Familie überreicht werden, also über fünfzigmal im Jahr. Das alles geschieht jeweils beim Schabbat-Eingang vor dem Angesicht der göttlichen Welt.

Nicht in der Öffentlichkeit — die ist für orthodoxe Juden Männerwelt —, aber zu Hause hat die jüdische Frau und Mutter ihren Platz, für den sie geehrt und wertgeschätzt wird wie eine Königin. Ihre Arbeit wird gesehen und geachtet, und das wird ihr auch an jedem Schabbat gesagt. Welch frommer Jude könnte das übersehen und seine Frau etwa als Dienstmagd behandeln? Die Frauen im Alten Testament sind Vorbild für seine Einstellung zu seiner Frau.

Nun beginnt das Schabbatmahl. Es hat viel Mühe für die Hausfrau gekostet, um es gut zu bereiten. Denn während dieses Mahles, an dem nicht gespart werden soll, darf alles Judenleid in dieser Welt vergessen werden. Doch bevor es beginnt, werden die Worte aus 1 Mose 2,2f gesprochen, die von der Ruhe Gottes an seinem Schabbat nach sechs Tagen der Schöpfung sprechen. Anschließend erhebt der Hausvater einen Becher, randvoll gefüllt mit Wein, und spricht das Gebet der Schabbatweihe, den *Kiddusch*. Man steht dazu auf:

> „Gelobt seist du, Ewiger, unser Gott, König der Welt, der uns durch seine Tora geheiligt, an uns Wohlgefallen gefunden, und uns seinen heiligen Schabbat in Liebe und Wohlgefallen zugeteilt hat. Zum Gedenken an sein Werk der Schöpfung, denn es ist der Tag des Anfangs unserer Berufung zur Heiligkeit, eine Erinnerung an den Auszug aus Ägypten.

Ja, uns hast du erwählt, uns geheiligt aus allen Völkern und uns deinen heiligen Schabbat in Liebe und Wohlgefallen zugeteilt. Gelobt seist du, Ewiger, der den Schabbat geheiligt."

Der Vater trinkt vom Wein und gibt jedem, der am Tisch sitzt, vom Wein zu trinken, auch dem jüngsten Kind.

Nun deckt er ein Tuch auf, unter dem das Schabbatbrot vorbereitet liegt. Es sind eigentlich zwei Brote, deren Teig aber wie Zöpfe geflochten und gebacken wurde. Man heißt sie *Barches*, von *Berachot* (Segen), also gesegnetes Brot. Es erinnert an das Manna, das die Kinder Israel in der Wüste am sechsten Tag auch für Schabbat in doppelter Menge gegenüber den Wochentagen empfingen. Über dem Brot spricht der Vater den Segen: „Gelobt seist du, Ewiger, unser Gott, König der Welt, der du Brot aus der Erde wachsen läßt." Dann bricht er ein Stückchen ab, tunkt es in Salz, ißt es und tut das gleiche für jeden, damit auch er seinen Anteil an dem gesegneten Brot empfängt.

Gegen Ende des Mahles wird der 126. Psalm gesungen und gesprochen, der von den Gefangenen Zions spricht, die der Herr erlösen wird: „Die mit Tränen säen, werden mit Freuden ernten. Sie gehen hin und weinen und tragen (im Leid) edlen Samen und kommen mit Freuden und bringen ihre Garben."

Darüber ist es später Abend oder gar tiefe Nacht geworden. Die Familie begibt sich zur Ruhe. Auf dem Tisch aber brennen die Schabbatlichter weiter, bis sie von selbst erlöschen.

Wer einmal einen solchen Schabbat-Beginn am Freitagabend in einer jüdischen Familie miterlebt hat, der wird das Wort von der Schabbat-Heiligung besser verstehen gelernt haben. Auch wenn Martin Luther das Schabbatgebot der Bibel in einer Kurzform für den Sonntag wiedergibt: „Du sollst den Feiertag heiligen!"

So spricht der Herr: „Haltet meine Schabbate und fürchtet euch vor meinem Heiligtum: Ich bin der Herr!" (3 Mose 26,2). Das will sagen: den Schabbat verwirklichen, also heiligen, heißt Gott verwirklichen im eigenen Leben und dadurch auch in dieser Welt.

Schabbat-Ausgang

So wie der Schabbat mit dem Lichtsegen und dem *Kiddusch* eingeleitet wurde, so endet der Schabbat in der Synagoge und auch daheim mit der *Hawdala*.

Das ist die andere Schwelle zwischen Schabbat und den folgenden Werktagen. *Hawdala* heißt Unterscheidung und dazu gehören:
* der Weinsegen,
* der Gewürzsegen,
* der Lichtsegen.

Hawdala bedeutet Abschied vom Schabbat. Und wie jede Trennung von dem, woran das Herz hängt, schwer wird, so auch der Abschied vom Schabbat. Man hatte ihn empfangen wie einen lieben Besuch aus der kommenden Welt des Friedens, der in der Endzeit als ewiger Schabbat in diese Welt einkehren und Erlösung bringen wird. Das ist die Heilszeit des Messias. So ist der Schabbat ein Stück Vorwegnahme des kommenden Heils, heute schon erfahrbar.

Deshalb begleiten den Schabbat am Samstagnachmittag im Gottesdienst (*Mincha*) Gebete, die den Wunsch ausdrücken, daß die kommende Erlösung möglichst bald für immer Wirklichkeit werde, und je mehr sich die Sonne dem Horizont nähert, desto dringender werden die Gebete um das kommende Heil:

„Erbarme dich in deiner Barmherzigkeit, o unser Fels, deines Volkes, sowie Zions, der Wohnstätte deiner Majestät, die Stätte des Hauses deiner Herrlichkeit.

Mache, daß das Heiligtum wieder erbaut werde und voll Volkes sei die Zionsstadt. Dort wollen wir ein neues Lied singen, dorthin wollen wir ziehen mit Jubelrufen . . .

Es möge der Sohn Davids kommen und unsere Erlösung bewirken, er, der da ist der Hauch unseres Geistes, der Gesalbte des Herrn."

Nach dem Abendgebet in der Synagoge hat sich die Familie im Haus versammelt. Dort sitzt man wieder beim Mahl zusammen. Draußen ist es dunkel geworden, die Sterne stehen am Himmel, und wenn man mit einem Blick drei Sterne erkennen kann, dann ist der Schabbat beendet.

Wieder stehen die Lichter auf dem Tisch. Auf einer Untertasse oder einem tiefen Teller steht der Becher, wieder randvoll gefüllt mit Wein. Nun wird eine Kerze, meist eine geflochtene, angezündet und gerne von einem Kind gehalten. Das Anzünden dieser Kerze will das Zeichen dafür sein, daß die Werktätigkeit und damit der Alltag wieder beginnt. Jetzt spricht der Hausvater noch einmal den Weinsegen: „Gelobt seist du, Ewiger, unser Gott, König der Welt, der die Frucht des Weinstockes geschaffen." Aber vorher sagt er noch folgende Worte: „Siehe, Gott ist meine Hilfe. Ich bin voll Vertrauen und zage nicht. Den Kelch des Heils erhebe ich und preise laut den Namen Gottes!" Nun stellt er den Weinbecher zurück und erhebt eine oft in kunstvoller Schmiedearbeit ausgeführte Gewürzbüchse. Sie wird hebräisch *Besamim* genannt, was soviel wie „Wohlgerüche" heißt. Gemeint ist der Wohlgeruch der in dieser Büchse enthaltenen Gewürze. Hierüber wird der Gewürzsegen gesprochen: „Gelobt seist du, Ewiger, unser Gott, König der Welt, der du den Duft der Gewürze geschaffen hast."

Tief zieht der Hausvater den Duft der Gewürze ein und reicht die Büchse jedem der Mitfeiernden, damit er das gleiche tue. Dieser „Duft des Schabbats" soll die Feiernden hinübertragen über die Schwelle des Schabbat-Ausganges und sie begleiten wie eine liebe Erinnerung und auch heute schon Vorfreude wecken für den nächsten, für den kommenden Schabbat.

Dann spricht der Hausvater den Segensspruch über das Licht, an das er ganz nahe seine beiden Hände heranbringt:

„Gelobt seist du, Ewiger, unser Gott, König der Welt, der du das leuchtende Feuer geschaffen hast."

Jetzt nimmt er die *Hawdala*-Kerze dem Kind aus der Hand, hält sie in der einen, den Weinbecher in der anderen, und spricht das Scheidewort (*Hawdala*): „Gelobt seist du, Ewiger, unser Gott, König der Welt, der da scheidet heilig und gemein, Licht und Finsternis, Israel von den Heiden, den siebten Tag von den sechs Werktagen. Gepriesen seist du, der Heiliges von Gemeinem scheidet."

Dann nimmt der Hausvater den Weinbecher, trinkt ihn fast leer, gießt den Rest in die Untertasse oder den Teller und löscht darin das Licht der *Hawdala*-Kerze.

Ein letztes Lied gilt dem kommenden Elia, dem Vorboten der messianischen Heilszeit. Anschließend wünscht man sich *Schawua tov*, d.h. eine gute Woche, „Gut Woch!"

Wir hörten vom Schabbat-Eingang am Freitagabend und vom Schabbat-Ausgang am Samstagabend. Dazwischen liegen drei Gottesdienste, die der fromme Jude besucht. Das sind einmal der Schabbateinleitungs- oder Eröffnungsgottesdienst am Freitagabend — *Maariw* —, dann der Gottesdienst am Samstagmorgen — *Schacharit* — und der am späten Samstagnachmittag — *Mincha*. Diese Gottesdienste sind identisch mit den täglichen Gebetszeiten, aber auch mit den Opferzeiten des nicht mehr bestehenden Tempels. Schabbat-Heiligung heißt für den frommen Juden, die Gegenwart Gottes, also sein Heil in der Schabbatruhe zu empfangen und auch mit seiner persönlichen Hinwendung und Hingabe diesem Heil zu entsprechen.

Aus einem Gebet für Freitagabend: „Birg uns unter dem Schatten deiner Flügel, denn du bist uns Hüter und Erlöser.

Und hüte unsern Ausgang und unsern Eingang zum Leben und zum Frieden von nun an bis in Ewigkeit:

Gelobt seist du, Gott, der seinen Frieden wie eine Decke über uns ausbreitet und über ganz Israel. Amen."

Jesus und der Schabbat

Im Neuen Testament wird bezeugt, daß Jesus das Gebot der Schabbatheiligung achtete. Auch für ihn und für seine Jünger galt die Synagoge als ein Ort für die Verwirklichung des Schabbatheils. Dennoch unternahm Jesus am Schabbat Handlungen, die für die „Gesetzestreuen" zum Ärgernis wurden, z.B. Heilung von kranken Menschen oder auch das Ährenausraufen als gebotswidriges Tun am Tag der absoluten Ruhe.

Doch mit solchem Handeln Jesu geschahen messianische Zeichen nicht nur für die Gegenwart Gottes in dem von ihm angebotenen Tag der Ruhe, sondern auch für seine Vollendung im von Israel erwarteten zukünftigen Heil, das Krankheit, Not und Leid nicht mehr möglich sein läßt.

Damit verbunden wurde die Frage nach der Vollmacht Jesu gestellt, der die Liebe Gottes im Heil des Schabbats für den Menschen anders aufzeigte als dies die erstarrte rabbinische Lehrtradition vermochte (Mt 12 und Joh 5).

Wir Christen feiern nicht mehr den Schabbat als Zeichen der Güte Gottes im alten Bund, obwohl die junge Kirche, entstanden im jüdischen Volk, noch sehr viel von der Schabbatheiligung hielt, sie lebte und damit auch mit Israel, ihrem Volk, teilte. Wenn wir Christen den Sonntag als „Feiertag Gottes" heiligen, dann wegen der Güte Gottes, die uns mit der Auferstehung Jesu „am ersten Tag der Woche" (Mt 28,1) begegnete und in seinem neuen Bund auch immer wieder begegnen wird.

Dennoch, das Neue im Bund Gottes durch Jesus Christus löst das Alte nicht ab und entwertet es auch nicht. Aber es erfüllt. Denn das, was uns durch die Gegenwart Christi als Vorwegnahme des kommenden Heils angeboten wird, das ist auch Erfüllung aller Heilserwartungen Israels.

Wer das als Christ zu schätzen weiß, dem wird der Schabbat der Juden ein Vorbild sein für seine eigene Sonntagsheiligung. Der wird mit dem Angebot des Sonntags als gute Gabe Gottes in seinem Leben und in dem seiner Familie einen anderen Umgang pflegen, als es in einer vom Judentum heute weit entfernten Christenheit der Fall ist. Und der wird auch verstehen und wissen, daß Gottesdienst immer zuerst Gottes Dienst an uns ist.

Aus dem Kiddusch für Schabbat-Abend:

„Gelobt seist du, Ewiger, unser Gott, König der Welt, der du uns geheiligt durch deine Gebote, uns erwählt hast und deinen heiligen Schabbat in Liebe und Wohlgefallen uns zum Anteil gegeben hast als Gedenken des Schöpfungswerkes. Er ist der erste Tag der heiligen Feste, eine Erinnerung an den Auszug aus Ägypten. Uns hast du auserwählt, uns geheiligt von allen Nationen, und deinen heiligen Schabbat hast du uns in Liebe und Wohlgefallen zum Anteil gegeben. Gelobt seist du, Ewiger, der du den Schabbat geheiligt."

Geheiligt werde dein Name

Im folgenden Text, der auf eine Predigt zurückgeht, soll es um den jüdischen Hintergrund des Vaterunsers gehen.

Das Vaterunser enthält sieben Bitten. Bei den ersten drei geht es um Gottes Wirklichkeit in unserem Leben, in unserer Gemeinde und in dieser Welt. In den folgenden vier Bitten geht es um die notvolle Wirklichkeit in unserem Leben und in dieser Welt.

Dieses Gebet ist das Leben und die Wirklichkeit der Gemeinde Gottes, die anbetend vor ihm steht. Aber dieses Gebet anerkennt auch die Wirklichkeit Gottes, der in seiner Gemeinde leben will. Beides ist in seiner Tiefe nicht auszuloten und in seiner Größe nicht zu ermessen — die Wirklichkeit Gottes und die seiner Gemeinde.

Allen Bitten voran steht als erstes: „Geheiligt werde dein Name." Der Name Gottes wurde einst Mose in der Wüste offenbart. Dorthin war er geflohen, nachdem er zum Mörder geworden war. Schuldbeladen erlebt er die Wirklichkeit Gottes am brennenden Busch. Vor dieser Wirklichkeit muß er die Schuhe ausziehen und niederfallen. Da offenbarte Gott seinen Namen: „Jahwe." Das will heißen: „Ich bin, der ich bin", der ich ewig war, bin und ewig sein werde. Jahwe, der ewig Seiende, dein Gott.

Mit diesem Namen verbindet sich der Herrschaftsanspruch Gottes über Israel und sein Eigentumsrecht an Israel. Die jüdische Gemeinde weiß, daß der Name Gottes wie eine Last auf Israel liegt, der man nie entrinnen kann. Wie viele Juden sind unter diesem Namen und seiner Heiligkeit in den Tod gegangen!

„Dein Name werde geheiligt", das heißt das Eigentumsrecht Gottes und seinen Herrschaftsanspruch über uns anzuerkennen, daß sein Wille geschehe in uns, bei uns und durch uns, daß sein Wille geschehe heute und morgen, daß sein Wille geschehe in meinem Leben und im Leben meiner Familie, daß sein Wille geschehe im Leben meines Volkes und in dieser Welt. Ja, das alles heißt: „Geheiligt werde dein Name."

Im Kaddischgebet, im Schlußgebet jüdischer Menschen am Ende des Gottesdienstes, das man auch über Gestorbene spricht, wird bei allem Schmerz dennoch Gottes Tun, sein Wille anerkannt, auch wenn man ihn oft nicht verstehen kann. Da heißt es: „Erhoben und geheiligt werde sein großer Name in der Welt. Gerühmt, verherrlicht, gefeiert und gepriesen sei der Name des Heiligen, gelobt sei er. *Darauf* sprechet: Amen!"

Mit großer Zurückhaltung, mit Ehrfurcht und Scheu, auch mit Betroffenheit näherte sich die alttestamentliche Gottesgemeinde dem Tempel am Versöhnungstag, dem *Jom Kippur*. Dort durfte der Hohepriester — und das geschah nur ein einziges Mal im Jahr — den Namen Gottes über das Volk aussprechen und ihn somit auf das Volk legen: *Jahwe*. Kein Jude wird dieses *Jahwe* in den Mund nehmen, sondern immer in Ehrfurcht umschreiben mit *Adonai*, also Herr, oder mit Ewiger, Allmächtiger, Barmherziger oder ähnlichem. Geheiligt werde sein Name, denn: „Der Herr wird den nicht ungestraft lassen, der seinen Namen mißbraucht."

Mit dem Namen Gottes begegnet uns Gottes Wirklichkeit, die vor uns und über uns steht, seine Allmacht, seine Herrschaft — und auch sein Gericht, in dem ich immer der Verlorene und der Sterbende bin. Vor diesem Gott kann ich als einzelner nicht stehen und antworten, auch wenn es nur ein Stammeln wäre. Da brauche ich die Schwestern und Brüder in der Gemeinde neben mir, hinter mir und vor mir: *„Unser* Vater!" Auch wenn ich es allein und im stillen Kämmerlein spreche, so stehen sie doch alle mit mir zusammen vor Gott: *Unser* Vater! „Dein Name werde geheiligt."

Gottes Zorn über meine Sünden ist sein Gericht. Ihm kann ich nur entgehen, wenn er mir vergibt, wenn mir sein Erbarmen begegnet, wenn er auslöscht die Stunden und Tage, in denen ich seinen Namen nicht geheiligt habe. In der jüdischen Lehre heißt es: „Die Entheiligung des göttlichen Namens ist die schwerste aller Sünden." Oder noch schlimmer: „Keine Vergebung erlangt, auf dem die Schuld der Entheiligung des göttlichen Namens liegt."

„Geheiligt werde dein Name" — durch mich! Auch an meinem Nächsten. Denn in ihm begegnet mir ein Mensch, den Gott wie mich nach seinem Vorbild geschaffen hat, ein Stück Gotteswirklichkeit, auch wenn sie noch so sehr verdunkelt wurde durch Sünde und Schuld. In ihm begegnet mir vielleicht nicht die Menschenwürde, aber doch immer die Gotteswürde. Und deshalb stehen vor meiner Seele all die Mißverhältnisse in meinem Leben; der Ärger, den ich anderen bereitet habe; der Zorn, der Streit, die Mißgunst, die mangelnde Hilfsbereitschaft und auch die vielen Lügen. Wie kann ich da vor Gott treten und sagen: „Ich habe deinen Namen heilig gehalten in meinem Leben"? Da kann ich doch nur noch stammeln: „Gott, sei mir Sünder gnädig!" Und der andere, dem ich mich verweigere, weil er Unrecht an mir getan hat, wenn darüber Enttäuschung und Schmerz tief sitzen und ich davon nicht mehr frei werde? „Dein Name werde geheiligt: Darum vergib uns unsere Schuld!" Im griechischen Text des Neuen Testaments heißt es an dieser Stelle: „Vergib uns unsere Schuld, wie wir unseren Schuldigern vergeben haben" — also wie wir es bereits taten.

Schuld ausräumen im gegenseitigen Vergeben, daß heißt Gottes Namen heiligen. Das ist wie Gottes Wort, das tägliche Brot, von dem wir leben, von dem die Gemeinde Gottes lebt! Denn Vergebung schafft Heil und Heilung, Vergeltung aber läßt hassen. „Dein Name werde geheiligt." Davon lebt unsere Seele, wie unser Leib von der täglichen Nahrung lebt, die wir für uns und unseren Nächsten empfangen, was wir leicht vergessen: *„Unser* tägliches Brot gib uns heute" — *unser* tägliches Brot.

Es gehört zum Willen Gottes, daß das Böse in uns und um uns überwunden wird. Nur so regiert die Gottesherrschaft, geschieht Reich Gottes, nicht nur im Himmel, sondern unter uns auf Erden, in seiner Gemeinde. Durch sie wird Gott der *melech ha olam,* der König der Welt. Und wir bitten damit auch, daß einmal die Königsherrschaft Gottes die ganze Erde, die Welt, den Kosmos füllen wird und daß dann für immer sein Reich Wirklichkeit ist. Aber das beginnt jeden Tag, das fängt hier und heute an: „Geheiligt werde dein Name! Dein Reich komme!"

Jesus hat gewußt, daß seine Gemeinde nicht aus Übermenschen oder Engeln besteht. Er kannte die Versuchlichkeit des Menschen, seine Verführbarkeit, seine Ohnmacht gegenüber dem Bösen, seine Täuschungen und Selbsttäuschungen, in denen er glaubt, ohne Gottes Wort und gegen seinen Willen entscheiden, handeln und leben zu können. Wie könnte ein Jünger da bestehen — auch in den Anfechtungen, Irrungen, Zweifeln und Ungewißheiten —, wenn ihm nicht beigestanden wird, wenn er allein der Macht des Bösen ausgeliefert ist? Darum: „Führe uns nicht in Versuchung, sondern erlöse uns von dem Bösen."

Gewiß, die Gemeinschaft der Glaubenden gibt Halt, richtet Strauchelnde und Fallende wieder auf, hält Herzen und Hände frei. Aber doch nur deshalb, weil die Gemeinde ausgerichtet ist auf den Einen, der in ihrer Mitte steht und jedem zur Seite stehen will, dessen Hände uns nicht loslassen wollen, dem wir uns jeden Morgen neu anvertrauen dürfen: „Führe uns und leite uns in deinem Geist, durch diesen Tag, durch die kommende Woche."

„Dein Name werde geheiligt" — keiner hat diese Bitte so

verwirklicht wie Jesus Christus, und das tat er um unseretwillen. Heiligung und Heil, wir erfahren es durch den Namen Jesu, Jeschua ha Maschiach, Jesus Christus. Das heißt doch, der Messias, der König Gottes, der Christus Gottes ist unsere Hilfe. *Jeschua* — Gott hilft! In Jesus begegnet uns die ganze Güte und Liebe Gottes. Was Gott von uns Menschen will, was er von Israel gefordert hat: die Hingabe in seinen Willen und ein Leben unter ihm — das führt er uns mit Jesu Leiden und Sterben vor Augen. Hier geschieht die Öffnung des letzten Geheimnisses im Namen Gottes: „Ich bin Jahwe, *dein* Gott, ich bin *dein.*" Diese Liebeserklärung beinhaltet die Hingabe der Güte und Liebe Gottes an uns. So wird die Dornenkrone das Zeichen der Königsherrschaft, der Liebe Gottes, verbunden mit seinem Schmerz über seine Welt, über seine Schöpfung, über seine Menschen, die er auch im Gericht nicht aufgeben will. Die Heiligung seines Namens: In Jesus vollbringt er sie selbst!

Wie können wir da abseits stehen und gleichgültig bleiben? Jeschua ha Maschiach: Gott ist Hilfe! „Vater unser, geheiligt werde dein Name!"

Darum: Gelobt sei Gott, der mein Gebet nicht verwirft und seine Güte nicht von mir wendet. Geheiligt bleibe dein Name!

Großer, ewiger, reicher und barmherziger Gott:

Da stehen wir wieder vor dir als deine Gemeinde. Ein jeder von uns kommt aus den Irrungen und Wirrungen seines Lebens.

Jeder von uns trägt an seiner Last, auch an der Last des Versagens unter deinen Augen, als wenn wir deinen Sohn und mit ihm deine Güte und Liebe nicht erfahren hätten.

Wir könnten nicht vor dir stehen und dich als Vater für unser Leben, für uns ansprechen. Wir würden in Furcht vergehen.

Aber nun hast du uns deinen Sohn gesandt, uns zum Heil, auf daß wir dieses Heil ergreifen, immer wieder neu, und daß wir dieses Heil verkündigen, nicht nur mit unseren Worten, sondern durch unser Leben, daß du uns Mut machst dafür, daß du uns Kraft gibst dafür, daß dein Geist uns begleitet dafür.

Herr, wir vertrauen auf dich. Deshalb möchten wir dir danken allezeit.

Wir bitten dich gegen den Wahnsinn in dieser Welt, für all das Leid, das sich Menschen antun, aber auch für all das, das wir anderen angetan haben.

Gib deinen Geist deutlicher in dieser Welt, und hilf uns, daß wir ihn noch deutlicher leben können.

Wir bitten dich für die Kranken, für die Notleidenden, für die Hungernden, für die Verzweifelten, für die Sterbenden. Wir bitten dich für alles Elend in dieser Welt.

Laß uns dein Heil begegnen so, daß wir deine Güte und dein Erbarmen sehen können. Und so nimm an, was wir jetzt im Namen deines Sohnes miteinander sprechen wollen:

Vater unser im Himmel!
Geheiligt werde dein Name.
Dein Reich komme.
Dein Wille geschehe,
wie im Himmel so auf Erden.
Unser tägliches Brot gib uns heute.
Und vergib uns unsere Schuld,
wie auch wir vergeben unsern Schuldigern.
Und führe uns nicht in Versuchung,
sondern erlöse uns von dem Bösen.
Denn dein ist das Reich
und die Kraft
und die Herrlichkeit
in Ewigkeit.
Amen.

Das Gebet Israels — Hingabe an Gott

Nirgendwo wird jüdischer Glaube so deutlich und so durchsichtig wie im Gebet jüdischer Menschen. Das Gebet bestimmt das Verhalten des Glaubenden, und sein Verhalten bestimmt umgekehrt sein Gebet unter Gott. Beten ist immer Ausdruck des Glaubens. In seinem Beten beantwortet der fromme Jude zwei Fragen: Die eine, wer für ihn Gott ist, und die andere, wer unter Gott Israel ist.

Aus dem Morgengebet jüdischer Menschen

„Herr aller Welt, nicht wegen unserer Frömmigkeit legen wir unsere Bitten vor dir nieder, sondern wegen deines großen Erbarmens. Was sind wir, was ist unser Leben, was ist unsere Gnade, was ist unsere Frömmigkeit, was unsere Hilfe, was unsere Kraft, was unsere Stärke, was sollen wir vor dir sprechen, Ewiger, unser Gott und Gott unserer Väter? Fürwahr, alle Helden sind wie nichts vor dir; die berühmtesten Männer, als ob sie nie gewesen, die Weisen wie ohne Erkenntnis, die Einsichtigen wie ohne Verstand; denn die Menge ihrer Werke ist eitel, und die Tage ihres Lebens sind nichtig vor dir, und der Vorzug des Menschen vor dem Tiere ist nichts; denn alles ist eitel. Aber wir sind dein Volk, Kinder deines Bundes, Kinder Abrahams, der dich liebte, dem du auf dem Berge Morijah zugeschworen, Nachkommen Isaaks, seines einzigen Sohnes, der auf den Altar gebunden wurde. Gemeinde Jakobs, deines erstgeborenen Sohnes, den du um deiner Liebe willen, mit der du ihn geliebt und deiner Freude willen, mit der du dich an ihm freutest, Israel und Jeschurun genannt hast. Darum sind wir verpflichtet, dir zu danken, dich zu rühmen, zu preisen, zu segnen, zu heiligen, Lob und Dank zu bringen deinem Namen. Heil uns. Wie schön ist unser Anteil, wie lieblich unser Los und wie schön unser Erbe."

Der erste Teil dieses Gebetes zeigt, daß jüdisches Beten die Standortbestimmung des Menschen vor Gott kennt. Was ist der Mensch? Seine Winzigkeit in seiner Vergänglichkeit und Verlorenheit vor dem großen ewigen Gott, Schöpfer Himmels und der Erden und aller Kreatur. Was ist da noch der Mensch? Da ist der Mensch wie nichts. In seiner Kreatürlichkeit wie das Tier. Geschlechter kommen und gehen. Sein Leben und Tun, mag es unter Menschen noch so bedeutend sein, vor Gott ist es eitel.

Da werden wir an Aussagen der Psalmsänger des Alten Testaments erinnert, etwa: „Was ist der Mensch, daß du seiner gedenkst?" (Ps 8) oder: „Du läßt die Menschen dahinfahren wie einen Strom. Sie sind wie Gras, am Morgen noch blüht es, am Abend welkt und verdorrt es" (Ps 90). Wir werden an den Prediger Salomo erinnert: „Es ist alles ganz eitel. Was hat der Mensch für Gewinn von aller seiner Mühe? Ein Geschlecht vergeht, das andere kommt. Ist doch der Mensch wie nichts."

Noch einmal der erste Teil dieses Morgengebetes: „Was sind wir? Was ist unser Leben, was ist unsere Gnade, unsere Frömmigkeit, unsere Hilfe, unsere Kraft, was unsere Stärke, was sollen wir vor dir sprechen, Ewiger, unser Gott? Fürwahr alle Helden sind wie nichts vor dir. Die berühmtesten Männer, als ob sie nie gewesen; die Weisen wie ohne Erkenntnis; die Einsichtigen wie ohne Verstand; denn die Menge ihrer Werke ist eitel, die Tage ihres Lebens sind nichtig vor dir, und der Vorzug des Menschen vor dem Tier ist nichts; denn alles ist eitel."

Warum betet Israel?

Nun bleibt nur noch die Frage: Wenn das alles so ist, warum bete ich dann überhaupt? Warum bete ich als Jude? Warum beten wir als jüdische Gemeinde?

Die Antwort darauf wird uns im zweiten Teil dieses Gebetes gesagt: „Aber wir sind dein Volk, Kinder deines Bundes, Kinder Abrahams, der dich liebte, dem du auf dem Berge Morijah zugeschworen, Nachkommen Isaaks!" Es ist nicht unser Verdienst, das hast du, Gott, so gewollt. So und nicht anders, und das hast du so gefügt. Wir sind dein Volk. Das fing alles mit Abraham an, du bist ihm, dem Heiden, begegnet. Du hast dich und deine Wirklichkeit ihm offenbart. Du hast ihn ergriffen und zu deinem Eigentum gemacht im Bund der Beschneidung. Du hast ihn und damit auch uns, seine Nachkommen, von den Gojim, den Heiden, getrennt und dadurch abgesondert, damit wir allein dir gehören und nicht dieser Welt. Damit wir allein dein Eigentum sind.

Gebunden auf dem Altar Gottes

Und das alles ging mit Isaak weiter. Wie er sind wir Gebundene auf deinem Altar. Hingegeben als Opfer an diese Welt, und solche Hingabe verlangst du von uns. Hingabe nicht zum Tod, sondern zum Leben. Und es hörte auch mit Jakob nicht auf. Auch er ist ein Bild unseres Wesens und deiner Liebe. Was hatte er denn für Vorzüge vor dir, er, der Hinterlistige und Betrüger, der seinen Bruder und seinen Vater hinterging? Und dennoch: seine Irrungen und Wirrungen, seine menschlichen Unmöglichkeiten und Unfähigkeiten, sein Verschulden an Menschen und vor Gott, dennoch hast du nicht von ihm gelassen, bis du ihn Israel nennen konntest, „Gottesstreiter", den Ehrennamen für unser Volk, den wir nicht verdient haben. Du hast ihn so genannt, als er geschlagen war und nichts anderes mehr wußte, als sich an dich zu hängen: „Ich lasse dich nicht, du segnest mich denn." Das allein ließ ihn rechtschaffen sein vor dir, Jeschurun hast du ihn genannt. Jeschurun aber heißt Rechtschaffener, von *jaschar* — rechtschaffen!

Abraham, Isaak und Jakob: das alles sind „wir, dein Volk, Kinder deines Bundes, Kinder Abrahams, der dich liebte. Dem du auf dem Berge Morijah zugeschworen, Nachkommen Isaaks, seines einzigen Sohnes, der auf den Altar gebunden wurde, Gemeinde Jakobs, deines erstgeborenen Sohnes, den du um deiner Liebe willen, mit der du ihn geliebt, und deiner Freude willen, mit der du dich an ihm freutest, Israel und Jeschurun genannt hast".

Verstehen wir nun, warum jüdische Menschen diese Formel benutzen: unser Gott ist der Gott Abrahams, Isaaks und Jakobs? In diesen drei Personen finden *wir* uns alle wieder. Vielleicht einmal mehr als den Jakob, vielleicht als den Isaak, vielleicht auch als den Abraham und dann wieder anders. Aber wir sind dein Volk! Um dieser drei Väter willen, der Erzväter unseres Volkes, berufen wir uns auf Gott, der mit diesen drei Personen uns gebunden hat, sein Volk zu sein. Das ist der Grund unseres Betens vor dir und zu dir.

Deshalb der dritte Teil dieses Gebetes: „Darum sind wir verpflichtet, dir zu danken, dich zu rühmen, dich zu preisen, zu segnen und zu heiligen, Lob und Dank zu bringen deinem Namen. Heil uns, wie schön ist unser Anteil und wie lieblich unser Los und wie schön unser Erbe:"

Gebetspflicht zur Verehrung Gottes

Danken, rühmen, preisen, segnen und heiligen — das ist unsere Situation vor Gott, unsere Antwort auf Gottes Handeln an uns, die Antwort auf Gottes Erwählung und Gottes Eigentumsrecht an uns. Das alles verpflichtet uns zum Gebet als Verehrung Gottes. Das ist unsere Pflicht, unsere Gebetspflicht, die als *Mizwa* (Pflicht) gilt.

Ein Konfirmand, Sohn der Pflicht (*Bar Mizwa*), ist gerufen, in diesen Lobpreis Israels einzustimmen, in dieses Gebet der Väter. Einst war der Tempel auf dem Zion in Jerusalem die Stätte des Gebetes und der Anbetung Israels. Aber dort war das Gebet noch der Rahmen um das Opfer, das dort dreimal täglich gebracht wurde: morgens, mittags und abends. Seit dem Jahre 70 n. Chr., seit der Zerstörung Jerusalems und des Tempels, tritt nun an die Stelle des dreimaligen Opfers am Tag die Pflicht, dreimal das Gebet in der Synagoge zu sprechen:

* abends: *Ma'ariw*,
* morgens: *Schacharit* und
* nachmittags: *Mincha*.

Und das fordert von Juden Hingabe im Gebet: das Gebet als Opfer Israels, als Opferpflicht.

An uns liegt es, zu verherrlichen den Herrn!

Eines der tiefsten und ergreifendsten Gebete, die wir im Judentum kennen, ist das Alenu-Gebet. *Alenu le schabeach* (wir haben zu preisen): „An uns liegt es, zu verherrlichen den Herrn des Alls, die Ehre zu geben dem Schöpfer der Welt, daß er uns nicht hat sein lassen wie die Völker der Erde und uns nicht gleichgestellt hat den Geschlechtern des Erdbodens. Daß er unser Teil nicht gleichgemacht hat dem ihren und unser Los dem ihrer Massen. Denn sie beten an Eitles und Nichtiges und rufen an, was ihnen keine Hilfe bringen kann. Wir aber beugen die Knie und bücken uns und bekennen vor dem König, dem Weltenherrn, dem Heiligen, gelobt sei er, daß er ausgespannt die Himmel und gegründet die Erde, und seiner Allmacht Sitz ist im Himmel droben, und der Thron seiner Allmacht ist in den höchsten Höhen — und dieser Herr ist unser Gott, keiner sonst. Er ist in Wahrheit unser König, niemand außer ihm."

Davon erfahren wir noch mehr im besonderen Morgengebet für Schabbat: „Der Odem alles Lebenden lobe deinen Namen, Ewiger, unser Gott, und der Geist allen Fleisches rühme und verherrliche dein Gedenken, unser König, beständig. Von Ewigkeit zu Ewigkeit bist du, o Gott, und außer dir haben wir keinen Helfer, Retter und Befreier, Ernährer und Erbarmer in jeder Zeit der Not und Bedrängnis. Gott der Vergangenen und Gott der Zukünftigen, Gott aller Geschöpfe, Herr aller Geschlechter, der du gepriesen wirst durch die Fülle der Loblieder, der du deine Welt führst mit Gnade und deine Geschöpfe mit Erbarmen. Du schläfst und schlummerst nicht . . . du machst beredt die Stummen, befreist die Gefesselten, stützt die Fallenden, richtest auf die Gebeugten. Dir allein danken wir. Und wäre unser Mund voll des Gesanges wie das Meer und unsere Zunge des Jubels wie das Rauschen seiner Wellen und unsere Lippen des Lobes wie die Weiten des Himmels und unsere Augen leuchtend wie Sonne und Mond und unsere Hände ausgebreitet wie Adler des Himmels — wir vermöchten dir doch nicht genug zu danken, Ewiger, unser Gott, und deinen Namen zu loben für auch nur eine von den vieltausendfachen Wohltaten, die du unseren Vätern und auch uns erwiesen hast . . ."

Das ist ein fast nicht aufhörenwollender Lobpreis: „An uns liegt es, zu verherrlichen den Herrn."

Unter dem Lobe Israels

Erinnern wir uns an Ps 22: „Herr du bist heilig, der du wohnest unter dem Lobe Israels." Verstehen wir jetzt dieses Wort? Mit dem Lobe Israels und der Verherrlichung Gottes im jüdischen Leben geschieht aber etwas für den jüdischen Glauben elementar Wichtiges, nämlich die Anerkennung der Gottesherrschaft über Israel und über die Welt. Das weiß der Talmud, wenn dort geschrieben ist: „Vor Abraham war Gott nur König im Himmel, mit Abraham wurde Gott König in der Welt." Denn Abraham war der erste, der sich unter die Gottesherrschaft stellte und sich von Gott regieren ließ. Ein König hat ja immer ein Reich, sonst wäre er kein König. In diesem Reich leben Menschen, die sich von ihm beherrschen lassen. Deshalb konnte der Jude Jesus sagen: „Das Reich Gottes ist mitten unter euch." Wo ihr euch von der Herrschaft Gottes beherrschen laßt, da ist Gottes Reich. Das Reich Gottes ist kein Ortsbegriff, sondern ein Zustandsbegriff.

Hören wir weiter aus dem Morgengebet für Schabbat: „Jeder Mund soll dir danken, jede Zunge dir schwören, jedes Knie sich vor dir beugen, jede aufrechte Gestalt vor dir sich neigen, alle Herzen sollen dich fürchten: denn wer gleichet dir, ehrfurchtgebietender Gott, Schöpfer von Himmel und Erde. Wir wollen dich preisen, dich rühmen, dich verherrlichen und deinen heiligen Namen loben . . ."

Diesen Lobpreis Israels und die damit verbundene Anerkennung der Gottesherrschaft hat der Jude Jesus von Nazareth zusammengefaßt in einer Kurzform. Sie ist die Summe des gesamten Lobpreises Israels: „Vater unser im Himmel, geheiligt werde dein Name, dein Reich, deine Gottesherrschaft, komme, dein Wille geschehe wie im Himmel so auf Erden . . . Dein ist das Reich, die Kraft und die Herrlichkeit in Ewigkeit. Amen."

Wir sind dein Volk

Wie das Vaterunser Jesu im Plural gebetet wird, so werden die meisten Gebete Israels als Gemeinschaftsgebete gesprochen. Wir sagen „unser Vater" und nicht „mein Vater", „unser täglich Brot gib uns heute"! Da gehören die anderen immer mit dazu.

„Unsere Schuld", das ist die Schuld an meinem Nächsten und die meines Nächsten an mir. „Unsere Erlösung", es ist immer die ganze Gottesgemeinde damit gemeint, in die ich mich hineinstelle mit meinem Beten. Der einzelne ist eingebunden in die Gottesgemeinde, die Volk Gottes ist. Gott hat Israel erwählt und zu seiner Gemeinde gemacht. Deshalb betet auch der jüdische Mensch im „Wir", eingebunden in sein Volk. „Habe Wohlgefallen, Ewiger, unser Gott, an deinem Volke Israel und an seinem Gebet. Verleihe Frieden, Glück und Segen, Gunst und Gnade und Erbarmen uns und ganz Israel, deinem Volke. Segne uns, unser Vater, uns alle vereint durch das Licht deines Angesichts."

Mögen jüdische Menschen in der ganzen Welt zerstreut leben, im Gebet bekennen sie sich zu dem einen Volk Gottes, dem sie angehören. „Wir sind dein Volk, die Gefährten deines Bundes, Kinder Abraham deines Freundes." Das bedeutet auch, daß jüdische Menschen in Berlin genauso und in der gleichen Weise beten wie die in Jerusalem oder wie die in San Francisco. Darin besteht auch die Notwendigkeit eines jüdischen Gebetbuches. Dieses Gebetbuch verbindet aber nicht nur die jüdische Gottesgemeinde auf allen Kontinenten in der Gegenwart, sie verbindet auch mit der Gottesgemeinde der Vergangenheit. Wir beten, wie die Väter gestern und vorgestern gebetet haben. Wenn das Gebetbuch auch eine gewachsene Tradition darstellt, so führt sie dennoch zurück auf das Beten des biblischen Gottesvolkes. Das heißt, mit dem heute vorliegenden Gebetbuch werden auch Psalmen des Alten Testamentes gebetet, u.a. auch das Schilfmeerlied Moses nach der Befreiung aus Ägypten.

Zwei Glaubenselemente

Zwei Glaubenselemente kennzeichnen jüdisches Beten:

Das erste Element ist rückwärts gerichtet auf die Geschichte Gottes mit Israel und erinnert an die großen Taten Gottes. Und eine der größten Taten Gottes war die Befreiung Israels aus Ägypten, aus dem Tode zum Leben, in die totale Bindung an den lebendigen Gott: „Ich lebe, und ihr sollt auch leben!" Deshalb ist jüdisches Beten und jüdischer Glaube vergangenheitsorientiert. Israel vergißt seine Geschichte nicht. Dabei geschieht das Geheimnisvolle, daß das, was Vergangenheit war, für den Juden immer auch Gegenwart ist. Er feiert das Pessachfest heute so, als wäre er damals dabeigewesen. Es ist sogar seine Pflicht sich vorzustellen, er sei selbst aus Ägypten gezogen und von Gott befreit worden. „Nicht unsere Vorfahren allein hat der Heilige, gepriesen sei er, erlöst, sondern mit ihnen hat er auch uns erlöst."

Ein Beispiel dafür ist das Morgengebet am Schabbat: „Aus Ägypten hast du uns erlöst, Ewiger, unser Gott, und aus dem Hause der Sklaverei uns befreit", und wir beten heute: „Im Hunger hast du uns ernährt und im Überfluß uns erhalten. Vor dem Schwerte uns errettet, aus der Pest uns entrinnen lassen und aus bösen andauernden Krankheiten herausgeholfen. Bis heute hat uns dein Erbarmen geholfen. Deshalb, glauben wir, wirst du uns in Ewigkeit nicht preisgeben."

Im zweiten Element ist die Zukunft Israels angesprochen: „Du wirst uns in Ewigkeit nicht preisgeben!" Es ist die Zukunft des kommenden messianischen Heils, wie Gott es versprochen hat: das Ziel Gottes mit Israel und durch Israel mit der Welt. Dazu gehören folgende Erwartungen, die uns im jüdischen Beten immer wieder begegnen:

* die Sammlung der Zerstreuten Israels aus der Welt ins Land der Verheißung;
* die Erneuerung der Stadt Jerusalem;

* der Bau des letzten Tempels und die Erneuerung des Tempeldienstes mit seinen Opfern;
* die Auferstehung der Toten;
* das Friedensreich Gottes als Erlösungswerk für Israel und für alle Völker — Schalom für alle;
* das alles wird der Gesalbte Gottes, sein Messias, einleiten.

Der Messias für Israel

Hören wir aus einem Gebet (Mussafgebet) für Schabbat: „Unser Gott wird seinen Gesalbten schicken, der sich mit dem Gurt der Gerechtigkeit und der Treue umgürtet. Den Bösewicht wird er mit dem Urteil seines Mundes töten, den Feind vernichten. Neue Erkenntnis wird er bringen, daß wir willig das Ohr neigen. Die Pracht der herrlichen, heiligen Stätte (den Tempel) wird er errichten und uns damit beglücken, daß wir das Psalmlied Davids (zur Einweihung des Tempels) singen: ‚Gelobt seist du, Ewiger, unser Gott, und Gott unserer Väter, Gott Abrahams, Isaaks und Jakobs . . ., der du der Frömmigkeit der Väter gedenkst und einen Erlöser bringst ihren Kindeskindern . . .' Er erweist Gnade seinem Gesalbten, David und seinem Sproß, in Ewigkeit. Der Frieden (Schalom) stiftet in seinen Höhen, er stiftete Frieden für ganz Israel. Unsere Augen mögen schauen, wenn du nach Zion zurückkehrst. Gelobt seist du, Ewiger, der seine Majestät nach Zion zurückbringen wird. Du wirst allein regieren, Ewiger, über alle deine Werke auf dem Berge Zion, dem Heiligtum deiner Majestät und in Jeruschalajim, deiner heiligen Stadt, wie geschrieben steht: ‚Regieren wird der Ewige ewiglich, dein Gott, Zion, von Geschlecht zu Geschlecht. Halleluja!'"

Um unserer Sünden willen

Eines der ergreifendsten Gebete Israels wird am Versöhnungstag gesprochen: „Um unserer Sünden willen wurden wir aus
unserem Lande vertrieben und von unserem Boden entfernt,
so daß wir nicht imstande sind, unsere Pflicht zu erfüllen in dem
Hause, das du erwählt hast, dem großen, heiligen Hause, über
dem dein Name genannt wird . . ."

Das ist ein Schuldbekenntnis. Israel hat die große nationale
Katastrophe im Jahre 70 n. Chr., als Jerusalem in Schutt und
Asche versank und mit ihr der Tempel, so daß es von nun an
hieß: „. . . und wurden zerstreut unter die Völker", als Gericht
Gottes angenommen, und das fast 2000 Jahre lang bekannt.
Für Israel waren das nicht die „bösen" Römer: „Um unserer
Sünden willen . . ."

Dieses Schuldbekenntnis endet wie viele Gebete Israels:
„Dein Wille sei es, Ewiger, unser Gott, und Gott unserer Vä-
ter, dich wiederum über uns zu erbarmen und über dein
Heiligtum, es in deiner Güte schnell aufzubauen und seine
Ehre zu erhöhen. Unser Vater . . . offenbare die Ehre deines
Reiches bald über uns, erhebe dich über uns vor den Augen
alles Lebenden, bringe heim unsere Zerstreuten aus den
Völkern, unsere Zersprengten sammle von den Enden der
Erde, und bringe uns nach Zion, deiner Stadt, in Jubel und
nach Jeruschalajim, dem Hause deines Heiligtums, in ewiger Freude. Dort wollen wir dir die Opfer unserer Pflicht
bringen!"

Hoffnung auf Leben

Zum Beten frommer Juden gehören auch die Gebetsriemen
(Tefillin). Das sind würfelförmige Kapseln, von denen eine auf
den Kopf und die andere auf den Arm gebunden werden. Das

soll bedeuten, daß Hören und Tun im Glauben zusammengehören müssen.

Der Inhalt dieser Kapseln sind ein kleines Pergament (Arm) oder Pergamentstreifen (Kopf), die mit dem Grundbekenntnis Israels beschriftet sind:

„Höre Israel, der Herr, dein Gott ist einzig. Und du sollst den Herrn, deinen Gott, lieben mit deinem ganzen Herzen, mit deiner ganzen Seele und mit aller deiner Kraft . . ."

Auch wird der Gebetsmantel oder seine kleinere Form, der Gebetsschal, beim Beten über Kopf und Schultern geworfen. Er ist ein Bekenntnis zur Vergänglichkeit des Menschen, da unter ihm auch der Gestorbene begraben wird, verbunden mit der Hoffnung, daß Gott ihn einmal ins Leben bringen wird.

Aus dem 18-Bitten-Gebet: „Verleihe Frieden, Glück und Segen, Gunst und Gnade und Erbarmen uns und ganz Israel, deinem Volke; segne uns, unser Vater, uns alle vereint durch das Licht deines Angesichts, denn im Lichte deines Angesichts gabst du uns, Ewiger, unser Gott, die Tora: die Weisung zum Leben und die Liebe zum Guten, Heil und Segen, Barmherzigkeit, Leben und Frieden . . . Gelobt seist du, Ewiger, unser Gott, der du dein Volk Israel mit Frieden segnest." Schalom.

Im Alten Testament wird auf den kommenden König Gottes gewiesen: „Der wird unser Friede sein" (Mi 5,4). Die neutestamentliche Gemeinde hat darauf geantwortet: „Er, unser König der Juden, Jesus Messias, er ist unser Friede, der Schalom Israels und der ganzen Welt" (Eph 2,14). Er, der zu uns spricht: „In mir habt ihr Frieden!" (Joh 16,33).

Segen und Segnen im Judentum

Es ist ein erhebender Augenblick, wenn an bestimmten Feiertagen im Gottesdienst der Synagoge der Ruf des *Chasan* (Vorbeters) nach den *Kohanim* (Priestern) erschallt. Denn sie, von Aaron und dessen Familie abstammend, sind dazu berufen, im Auftrag Gottes die Gemeinde und damit Israel zu segnen. Bevor dies geschieht, haben sie sich von den im Gottesdienst anwesenden Leviten die Hände reinigen, das heißt mit Wasser übergießen zu lassen. Dann besteigen sie ohne Schuhe an den Füßen die *Bima*, die erhöhte Fläche mit dem Toraschrein, den Rücken zur Gemeinde gewandt und das Haupt mit dem *Tallit* (Gebetstuch) verhüllt. Mit dem Ruf „*Kohanim*" (das Wort steht im Plural, es müssen deshalb mindestens zwei sein) wenden sie sich der Gemeinde zu, erheben ihre Hände mit gespreizten Fingern in Schulterhöhe und sprechen die alten Worte, die ihnen der *Chasan* vorsagt: „Der Herr segne dich und behüte dich, der Herr lasse sein Angesicht über dir leuchten und sei dir gnädig; der Herr erhebe sein Angesicht dir zu und schaffe dir Heil (Schalom)" (4 Mose 6,22-26).

Diese drei Verse werden jedesmal mit dem „Amen" der Gemeinde beantwortet. Als „dreifacher Segen der Tora" beinhalten sie den Zuspruch Gottes, daß er seine Hände über Israel halten will, dem Volk Schutz und Bewahrung ermöglicht. Verbunden damit ist auch die Zusage, daß Gott dem Volk trotz manchen Versagens ein ihm freundlich gesinnter Herr bleiben möchte, der in Gnade Leben erhalten und nicht verderben will. Denn die *Schechina*, Gottes „leuchtendes Antlitz", ist, wie es das Alte Testament sagt, ein verzehrendes Feuer, das die

Herrlichkeit Gottes und damit seine Unnahbarkeit bezeugt, aber in seiner Güte zum Glanz der Heiligkeit im Segen über sein Volk wird. Darum will Gott sein Angesicht dem Volk zuwenden und vor ihm nicht fallenlassen und es dem großen Schalom als Ziel oder Bestimmung Israels entgegenführen.

Nichts in Händen

„So sollt ihr (Priester) sagen, wenn ihr Israel segnet: Der Herr segne . . ., denn ihr sollt meinen Namen auf Israel legen, daß ich sie segne" (4 Mose 6,23 und 27). Diese Verse sind zum weiteren Verständnis des Priestersegens wichtig. Nach jüdischem Verständnis ist das Priesteramt ein Instrument Gottes. Nicht der Priester ist der Segnende, sondern Gott selbst. Der Priester segnet nicht selbständig im Namen oder unter Berufung auf eine Vollmacht Gottes, sondern Gottes Segen geht durch ihn hindurch. Deshalb erhebt er beim Sprechen des Segens seine Hände in Schulterhöhe, wobei die Finger gespreizt bleiben. Er hat nichts in Händen, was er halten und austeilen könnte. Er soll „sagen", mehr nicht.

Die Heiligkeit des Namens Gottes *JHWH* (Jahwe) gebietet jüdischen Menschen, ihn nicht auszusprechen, obwohl er im hebräischen Wortlaut des Priestersegens genannt wird. Solches blieb nur dem Hohenpriester am Versöhnungstag (*Jom Kippur*) im Tempel vorbehalten. Deshalb wird er auch beim Segnen in den Gottesdiensten nur umschrieben, etwa mit *Adonai* (Herr). Dennoch ist gemeint, daß Gottes heiliger Name auf das Volk gelegt wird, als Eigentumsanspruch Gottes an Israel. Das Eigentumsrecht Gottes wird zum Segen für Israel, wenn es das anerkennt und unter Gottes Namen leben und bleiben will. Es wird aber zur Last und zum Gericht, wenn Israel sich von Gott wendet.

Im allgemeinen wird am gewöhnlichen Schabbat der Priestersegen nur vom Vorbeter an der dafür bestimmten Stelle in der gottesdienstlichen Liturgie ohne Händeaufheben gesprochen, so daß der Vollzug durch die Priester an bestimmten Feiertagen ein Höhepunkt bleibt.

Die Antwort der Gemeinde auf den Priestersegen ist die letzte Bitte des Achtzehnbittengebets (Sch'mone Esre): „Verleihe Frieden, Glück und Segen, Gunst und Gnade und Erbarmen uns und ganz Israel, deinem Volke, segne uns, unser Vater, uns alle vereint durch das Licht deines Angesichtes, denn im Lichte deines Angesichtes gabst du uns, Ewiger, unser Gott, die Lehre des Lebens und die Liebe zum Guten, Heil und Segen, Barmherzigkeit, Leben und Frieden, und gut ist es in deinen Augen, dein Volk Israel zu jeder Zeit mit deinem Frieden zu segnen."

Nach der Zerstörung des Tempels im Jahre 70 n. Chr. erloschen die Opferfeuer, und der Leviten- und Priesterdienst kam zum Erliegen. Was übrig blieb, ist das gelegentliche Auftreten derer, die aufgrund ihrer Abstammung hierzu berufen sind. Auf jüdischen Friedhöfen sind die Zeichen ihrer Berufung auf ihren Grabsteinen dargestellt: die Hände des Segnens mit den gespreizten Fingern oder die Kanne mit oder ohne Schüssel zum Wassergießen.

„Darauf sprechet: Amen"

Die Antwort der gottesdienstlichen Gemeinde auf den immer wieder empfangenen Segen Gottes besteht, wie das im jüdischen Gebetbuch deutlich wird,
* in der Anerkennung der absoluten Heiligkeit des göttlichen Namens,
* in der Unterwerfung unter den Willen Gottes für Israel,
* im Vertrauen auf die Erfüllung seiner Verheißungen und
* in geduldiger Erwartung des messianischen Heils und der zukünftigen Welt.

Beispielhaft hierfür ist das *Kaddisch*-Gebet (Heiligkeits-Gebet), das als Schlußgebet in der Liturgie des Gottesdienstes gilt, aber auch zur Gebetpflicht über die Toten, etwa bei der Beerdigung wurde. Das läßt den Glauben an die Verwirklichung des Segens Gottes für Israel auch über jedes Ende zu. Es wird in drei Abschnitten gesprochen, wobei, wie im Priestersegen, jeweils das Amen der Gemeinde folgt:

„Verherrlicht und geheiligt werde sein großer Name in der Welt, die er nach seinem Willen geschaffen hat. Er lasse sein Reich kommen, so daß ihr es mit dem ganzen Haus Israel in unseren Tagen, bald und in naher Zeit erleben möget. — Darauf sprechet: Amen.

Sein großer Name sei gepriesen in alle Ewigkeit. Gepriesen und gelobt, verherrlicht und erhoben, erhöht und gefeiert, besungen und bejubelt werde der Name des Heiligen, gelobt sei er, der erhaben ist über allen Preis und Glanz, Lob und Lied, Huldigung und Trost, die in der Welt ihm dargebracht werden. — Darauf sprechet: Amen.

Des Friedens Fülle und Leben komme aus Himmelshöhen zu uns herab und auf ganz Israel. — Darauf sprechet: Amen."

Das anvertraute Gut

Mit der Tora, die Israel im Sinai empfing, als Weisung zum Leben (3 Mose 18,5), ist Israel eingebunden in ein Leben mit Gott. Israels Erwählung ist Erwählung zur Tora. „Gelobt seist du, Ewiger, unser Gott, König der Welt, der uns erwählt hat aus allen Völkern und uns seine Tora gegeben. — Gelobt seist du, Ewiger, unser Gott, König der Welt, der uns geheiligt hat durch seine Gebote und uns befohlen, uns mit den Worten der Tora zu beschäftigen."

Das sind Lobpreisungen, die im Mittelpunkt jüdischer Gottesdienste gesprochen werden. Von daher ist der fromme Teil

Israels bemüht, vom Volk Toragehorsam als heilige Pflicht (*Mizwa*) zu fordern, aber auch dem Volk vorzuleben. Dabei wird Toragehorsam nicht nur als Last, sondern auch als Freude über das Israel anvertraute Gut der Tora in ihrer Heiligkeit verstanden. Besonders deutlich wird das in den mit Freude und auch mit Reigentänzen begangenen Gottesdiensten an *Simchat Tora*, dem Tora-Freudenfest.

Zum Toragehorsam und zur Torafreude gehört es, auch die kleinste der Israel auferlegten Pflichten mit einem entsprechenden Segenswort einzuleiten, zum Beispiel: „Gelobt seist du, Ewiger, unser Gott, König der Welt, der uns geheiligt durch seine Gebote und uns das Händewaschen befohlen. — Gelobt seist du, Ewiger, der uns geheiligt durch seine Gebote und uns befohlen, die *Zizit* (Schaufäden) anzulegen" (4 Mose 15,37-40; 5 Mose 22,12). Gelobt seist du, Ewiger, der uns geheiligt durch seine Gebote und uns befohlen, die *Tefillin* (Gebetsriemen) anzulegen" (5 Mose 11,18).

Israel lebt in einer Segenstradition, die mit Abraham beginnt, über Isaak, Jakob und dessen Söhne und weiter über Mose dem ganzen Volk Israel gelten will. In dieser Tradition hat der Segen Gottes ganz innerweltliche Bezüge. Da ist der Segen der Zuspruch des heilvollen Wirkens Gottes im Leben des Volkes und des einzelnen und äußert sich in der Fruchtbarkeit der Erde, der Herden und des Volkes. Hierfür gelten als herausragende Beispiele der Abrahamssegen, der Segen Isaaks über Jakob, der Jakobssegen über die Söhne und damit über die Stämme Israels. Schließlich der Mosessegen, der dem Volk das Land verheißt und gewährleistet, solange es die Gottesherrschaft über sich anzuerkennen und unter der Tora zu leben bereit ist (5 Mose 7,12-15; 11,8ff u.a.). Dagegen wird sich Gottes Güte und Fürsorge dem Volk gegenüber versagen, wo immer es sich dem Willen Gottes entzieht.

Das Bewußtsein der Abhängigkeit des Volkes von den Segnungen Gottes für Leben und Wohlergehen wird unter anderem deutlich in den drei Wallfahrtsfesten *Pessach*, *Schawuot* (Pfingsten) und *Sukkot* (Laubhütten), die zunächst Erntedankfeste waren und dann verbunden wurden mit der Erinnerung an nationales Geschehen, in welchem sich Gottes rettendes und lebenserhaltendes Handeln für Israel offenbarte: Befreiung Israels aus Ägypten (*Pessach*), die Gabe der Tora als Weisung zum Leben Israels (*Schawuot*) und das Bewußtsein des Unterwegsseins des Volkes auf ein von Gott verheißenes Ziel hin, das Schalom heißt, Heil für Israel und die Völker in der messianischen Zeit (*Sukkot*).

Durch alle Werktage hindurch

„Der Schabbat ist die Quelle des Segens, vom Anfang, von der Vorzeit her geweiht" (aus der Schabbat-Liturgie). Jede häusliche Schabbatfeier beginnt am Freitagabend mit dem Lichtsegen durch die Hausfrau: „Gelobt seist du, Ewiger, unser Gott, König der Welt, der uns geheiligt durch seine Gebote und uns befohlen, das Schabbatlicht zu entzünden." Es folgt später vom Hausvater der Segen über Brot und Wein, als Zeichen für Gottes lebenserhaltende Gaben und für die Freude darüber. „Gelobt seist du, Ewiger, unser Gott, König der Welt, der Brot aus der Erde wachsen läßt. — Gelobt seist du, Ewiger, der du die Frucht des Weinstocks geschaffen hast."

Damit ist die Einladung angenommen, am Schabbat Gottes (Ruhe Gottes) teilzuhaben, denn er ist sein Schabbat. Das bedeutet auch, Anteil zu haben an der zukünftigen Welt und ihrem Heil, wie ein wenig Vorwegnahme des Kommenden. Und es bedeutet weiter, daß der Segen des Schabbats die Feiernden über das Schabbat-Ende hinaus begleiten will durch die Werktage hindurch bis zum nächsten Schabbat. „Gelobt seist du, Ewiger, der uns geheiligt durch seine Gebote, uns erwählt und uns seinen heiligen Schabbat in Liebe und Wohlgefallen zum Anteil gegeben hat."

Jüdischer Glaube an den Schöpfer und „Herrn aller Welten" und allen Lebens äußert sich in dem mannigfachen Gebrauch von Segenssprüchen (*Berachot*), die immer mit den Worten beginnen: „Gelobt seist du, Ewiger, unser Gott, König der Welt, der du . . ." In deren Fortsetzung werden dann Gaben angesprochen, die durch Gottes Güte empfangen wurden, auch wenn sie der Mensch erarbeitet oder erworben hat. Da gibt es zum Beispiel Segenssprüche über den Genuß von Speisen und Getränken, über den Erwerb von Kleidern und Schuhen und anderem, über den Anblick von Gottes Schöpfung in den Schönheiten der Natur und auch über besondere Ereignisse des Lebens. „Gelobt seist du, Ewiger, unser Gott, König der Welt, der du alles geschaffen hast, was wir brauchen."

Auch das Tischgebet, ohne das eine Mahlzeit nicht beendet werden kann, ist Huldigung an den, der uns gegeben hat: „Gelobt seist du, Ewiger, von dessen Eigentum wir gegessen und durch dessen Güte wir leben."

Daß der Mensch Gottes Segen in allen guten Gaben, die er empfangen darf, mit Dank und Gotteslob würdigen sollte, gehört zum Bewußtsein gelebten Glaubens. In freudigen Höhepunkten des Lebens, etwa bei der *Bar-Mizwa*-Feier oder der Hochzeit, kann das über den Lobpreis hinaus auch in fröhlichen Tänzen zum Ausdruck kommen. „Gelobt seist du, Ewiger, der geschaffen hat Freude und Lust, die Braut und den Bräutigam, Frohsinn und Fröhlichkeit, Herzinnigkeit und Liebe, Bruderliebe und Freundschaft. — Lasset uns Gott loben, von dem die Freude kommt."

Bei Errettung aus schwerer Krankheit, aus Unfällen oder anderen Gefährdungen im Leben wird das Gotteslob darüber unter anderem vor der Gemeinde im Gottesdienst gesagt, um sie zum Zeugen des Segens zu machen.

Schwerer aber wird es, auch im erfahrenen Leid und auch im

Sterben Gottes Handeln zu erkennen, anzunehmen und darüber das Gotteslob zu sprechen, denn auch Leid will aus der segnenden Hand Gottes empfangen werden. „Unser Herr ist ohne Fehl in all seinem Wirken und Schaffen. Gerecht bist du, Gott, wo du tötest, wie da, wo du belebst", so der Lobpreis der Trauernden bei Beerdigungen. „Gelobt seist du, Ewiger, er hat euch in Gerechtigkeit erschaffen, euch in Gerechtigkeit ernährt und erhalten, euch in Gerechtigkeit sterben lassen." So lehrt es der Talmud. Ein Mensch muß das Böse wie das Gute segnen.

Beim Empfang eines Gastes wird das Willkommen in Segensworte gekleidet, ebenso bei dessen Abschied. Es gibt viele Anlässe, die Menschen bewegen können, andere zu segnen, wobei dieses Tun ein ausgesprochener Wunsch und eine erklärte Bitte an den sein will, der allein segnen kann. Wenn zum Beispiel am Freitagabend der Schabbat ins Haus eingekehrt ist und der Hausvater seine Kinder zu sich ruft, dann spricht er ein Segenswort, das in der Tora für die Knaben vorgegeben ist: „Gott lasse dich werden wie Ephraim und Manasse" (1 Mose 48,20), und für die Mädchen fügte die Tradition hinzu: „Gott lasse dich werden wie Sara, Rebekka, Rahel und Lea."

Heil für das Volk

Zum jüdischen Glauben gehört die Auffassung, daß mit allen ausgesprochenen Lobpreisungen auch Gott selbst gesegnet wird. Das „Gelobt seist du, Ewiger, unser Gott" kann auch mit „Gesegnet seist du, Herr, unser Gott" übersetzt werden. Im Talmud heißt es: „Sie segnen deinen herrlichen Namen, der erhaben ist über jeden Segen und über jedes Lob." In der Fülle der Segnungen und Segnungsmöglichkeiten geht es letztlich immer um den einen Segen Gottes, der auf seinem Volk liegen will. Das Volk aber, das dies erkennt und anerkennt, legt in seinem Gotteslob den Segen wie ein Echo oder einen Widerschein zurück in die Hände Gottes, der allein Herr allen Segens ist. Im Grunde ist das auch der Sinn allen Dankens. „Preis und Dank deinem großen Namen, daß du uns hast leben und bestehen lassen, daß wir dir danken können."

Jesus war als geborener Jude, von jüdischen Eltern im jüdischen Glauben erzogen, mit der Glaubenstraditon Israels vertraut. Das, was er lehrte, war der Versuch und seine Mühe, den Segen Gottes dem Volk neu zu zeigen und ihn, aus allen formelhaften Erstarrungen heraus, den Menschen nahezubringen. Wenn zum Beispiel der Schabbat für Israel ein Segensgut Gottes ist, dann bedeutet das Heil für das Volk und deshalb auch Heil in aller Not des einzelnen. Eine Heilung am Schabbat entspricht dem Segen des Schabbat, also dem Heilswillen Gottes (Mt 12,1-14).

Wenn Jesus Kindern die Hände auflegte, als Zeichen für den bewahrenden Zuspruch Gottes, und sie segnete (Mk 10,16), dann ist anzunehmen, daß er toratreu die Worte benutzte: „Gott lasse dich werden wie . . ." (1 Mose 48,20), obwohl die Kinder nach allgemeiner Auffassung noch nicht gottesdienstfähig waren. Er lehrte, daß auch die jüngsten Glieder des jüdischen Volkes, also die Kinder, mit Gottes Wirklichkeit und seinem Segen verbunden und Segensträger sind oder sein können (Mk 9,36ff).

Vom Auferstandenen wird bezeugt: „Jesus hob seine Hände auf und segnete seine Jünger" (Lk 24,50). Damit geschah eine Handlung, die auszuführen in jener Zeit allein dem Hohenpriester im Tempel vorbehalten war, wenn das Ganzopfer gebracht war. Doch Jesus ist für sein Volk der eine und wahre von Gott erwählte Hohepriester, der sich selbst als Ganzopfer zur Versöhnung Gottes mit Israel und dadurch auch für die Völker hingab (Hebr 4f).

Das ist nach judenchristlicher Erkenntnis und Verkündigung die Vollendung und Krönung der Segenstradition für Israel und gilt zu allererst dem jüdischen Volk, aber durch Israel auch den

Heiden. „Für euch — Juden — zuerst hat Gott erweckt seinen Knecht Jesus und hat ihn zu euch gesandt, euch zu segnen" (Apg 3,26; Röm 1,16). Zur Verwirklichung seines Segens gebietet Jesus seinen Nachfolgern das „Gehet hin", die mit diesem Gebot zu Segensträgern und Segensbringern werden: eine immerwährende Sendung bis ans Ende der Welt und ihrer Zeit. Wenn nach dem Bekenntnis seiner Gemeinde in Jesus Christus die „ganze Fülle der Gottheit" wohnt (Kol 2,9), dann damit auch die Fülle des göttlichen Segens, an der Christen und Juden teilhaben dürfen.

Dies allen Menschen vorbehaltlos anzubieten und zuzurufen (1 Tim 2,4-6), ist bleibender Auftrag seiner Gemeinde, der begleitet wird von dem Zuspruch des Auferstandenen: „Ich bin bei euch alle Tage." So wird der Segen Abrahams zum Segen Christi und seiner Gemeinde für alle, die ihn annehmen und aufnehmen wollen: „Ich will dich segnen, und du sollst ein Segen sein" (1 Mose 12,2; Gal 3,9). „Gelobt sei Gott, der Vater unseres Herrn Jesus Christus, der uns gesegnet hat mit allerlei geistlichem Segen in Jesus Christus" (Eph 1,3).

„Behüte unser Kommen und Gehen
zum Frieden und zum Leben
von nun an bis in Ewigkeit.
Und breite über uns deines Friedens Zelt.
Gelobt seist du, Ewiger,
der du des Friedens Zelt ausbreitest
über uns und über dein ganzes Volk Israel
und über Jerusalem"
(Jüdisches Abendgebet).

Wenn der Messias kommt —
Jüdische Endzeithoffnung

Eine talmudische Geschichte erzählt, wie Schüler zu ihrem Lehrer ins Lehrhaus gelaufen kamen und riefen: „Der Messias ist gekommen!" Da öffnete der Lehrer das Fenster und schaute hinaus. Dann schüttelte er den Kopf, schloß das Fenster und lehrte weiter, als ob nichts geschehen wäre. Es war auch nichts geschehen, denn er sah, daß die Welt immer noch so war, wie sie ist: voller Leid und Schmerzen, voller Haß und Feindschaft, voller Verfolgung und Unterdrückung, voller Krieg und Kriegsgeschrei. Also konnte der von den Schülern Ausgerufene nicht der Messias sein.

Mit dieser Geschichte wird eine Erwartung angesprochen, die für den jüdischen Glauben ein wesentliches Element darstellt, nämlich die Hoffnung, daß Gott die Geschichte Israels und durch Israel auch die Geschichte der Völker an sein Ziel führen wird, wie er das verheißen hat. Dieses Ziel heißt Heil und nicht Unheil, heißt Leben und nicht Tod, heißt Schalom für Israel und für die Welt. Dieser Schalom als alles und alle umfassender Friede Gottes wird eingeleitet dadurch, daß zu der Zeit, die nur Gott kennt, der König Gottes, der Messias, erscheinen und den bösen Trieb besiegen wird, der unter den Menschen zu all den Mißverständnissen führt, aus denen alle Mißverhältnisse werden. Wenn dieser nicht mehr ist, dann werden sich Menschen verstehen, achten und lieben. Wenn das so ist, dann wird Friede sein, dann werden Schwerter zu Pflugscharen, dann werden „die Lämmer bei den Wölfen liegen und die Löwen Gras fressen" (Jes 11). Damit wird ein wesentliches Kriterium benannt, mit dem Messiasansprüche in Israel gemessen werden. Es gab in der jüdischen Geschichte immer wieder Personen, die sich als Messias für Israel anboten. Sie aber brachten nicht das, was Israel im Glauben mit dem Kommen des Königs Gottes erwartete, das vollkommene Friedensreich.

Zu diesem vollkommenen Friedensreich wird es gehören, daß auch alle anderen Lasten, die Menschen beschweren und bedrücken können, von ihnen genommen sind: Hunger und Not, Krankheit und Schmerzen, auch der Tod, der nicht mehr sein wird. Damit wird das Kommen der zukünftigen Welt eingeleitet, in der Gott allein König ist, und mit den Menschen vereinigt in einer Weise lebt, die in seiner Schöpfung am Anfang selbstverständlich war, als es hieß: „Siehe, es war sehr gut."

Das alles ist gemeint, wenn im jüdischen Glauben vom Reich Gottes oder vom Reich der Himmel oder Himmelreich gesprochen wird. Was jetzt bei Gott, also im Himmel, ist, das wird einmal die Erde füllen: Liebe, Gerechtigkeit und Friede.

Christen verstehen dies mit den Juden in gleicher Weise, wenn sie beten: „Dein Reich komme." Der Jude Jesus von Nazareth lehrte, daß ein Stück Vorwegnahme der kommenden Heilszeit überall dort geschieht, wo Menschen sich von Gott beherrschen lassen und Frieden, Liebe und Gerechtigkeit leben. Da ist heute schon das Himmelreich nahe und herbeigekommen.

Die Kennzeichen der Person des erwarteten Messias

* Für den jüdischen Glauben wird der Messias ein Mensch aus Fleisch und Blut sein, so wie es Mose war. „Einen Propheten

wie mich wird der Herr, dein Gott, erwecken aus dir und deinen Brüdern; dem sollt ihr gehorchen" (5 Mose 18,15).

* Er wird als ein Glied seines Volkes Israel von Gott gerufen, berufen und beauftragt.
* Sein Werk wird in der Kraft Gottes geschehen.
* Er wird zum Stamme Juda gehören.
* Das Zeichen seiner Wirklichkeit wird die Tatsache sein, daß er ganz Israel zur Lehre der Tora und zur Tora-Frömmigkeit zurückführen wird und die Gottesherrschaft über das jüdische Volk in Vollkommenheit verwirklicht.
* Zu seinem Werk wird es gehören, alle Feinde Gottes und Israels zu besiegen.
* Danach wird er den Bau des dritten Tempels beginnen und auch vollenden lassen. Zu diesem Tempel auf dem Berg Zion werden auch die Völker kommen, um den Gott Israels anzubeten und sich zu ihm zu bekennen.
* Die Aufgabe des Messias wird dann erfüllt sein, und er wird nicht mehr benötigt. Er tritt zurück unter die Glieder seines Volkes, das heißt, er ist kein ewiger König. Der ewige König Israels ist und bleibt Gott allein, wie es im jüdischen Gebetbuch heißt: „Wir haben keinen anderen König außer dir. Nichts gibt es neben dir, unser Erlöser, auch nicht in den Tagen des Gesalbten, des Messias."

In den 13 Glaubensartikeln des Maimonides, die von frommen Juden täglich gesprochen werden, heißt es: „Ich glaube mit voller Überzeugung an das dereinstige Kommen des Messias. Und ob er gleich säume, so harre ich doch jeden Tag auf sein Kommen."

Und im jüdischen Gebetbuch: „Der Barmherzige beglücke uns mit den Tagen des Messias und dem Leben der zukünftigen Welt. Es möge der Sohn Davids kommen und unsere Erlösung bewirken, er, der da ist der Hauch unseres Geistes, der Gesalbte des Herrn."

Halaka und *Haggada*

Was wir bisher gehört haben, ist verbindliches Glaubensgut für Israel, also *Halaka* (verpflichtende Lehre). Nicht verbindlich aber sind überlieferte oder gegenwärtige Aussagen darüber, wer der Messias sein wird und wie man sich sein Kommen in Einzelheiten vorstellen soll. Das bleibt jedem Juden oder jeder jüdischen Gemeinschaft überlassen, ist also *Haggada* (unverbindliche Erzählungen). So gibt es zum Beispiel heute unter Juden etliche Gruppen, die es aufgegeben haben, an einen personhaften Messias zu glauben, und die deshalb die messianischen Aussagen der Bibel und der Lehrtradition auf das Volk Israel übertragen. Für sie ist dann das Volk Israel der Messias Gottes für die Völker der Welt.

Zwei Messias-Personen

Nun gibt es aber für die jüdischen Messiasvorstellungen eine Schwierigkeit: Nach Dan 7 wird ein Messias erwartet, der in siegreicher Glorie sein von Gott gegebenes königliches Amt antreten wird. Da heißt es: „Er kommt mit den Wolken des Himmels wie eines Menschen Sohn." Nach Sach 9 aber wird es ein König sein, der in niedriger Demut zu wirken beginnt: „. . .arm, und auf einem Esel reitend." Da sich beide Aussagen widersprechen, fand man mit Bezug auf Sach 4,14 die talmudische Lösung, von zwei verschiedenen Messias-Personen zu reden. Der eine kommt aus dem Stamme Ephraim, ist also ein Sohn Josefs; und der andere wird aus Juda kommen und ist ein Sohn Davids. In der Endzeit Gottes mit dieser Welt werden sie nacheinander erscheinen. Der erste stirbt im Kampf mit den Feinden Israels; der zweite führt dann endlich zum Sieg und in die messianische Erlösung.

Es ist interessant, daß die junge Kirche — in Israel entstanden — diese beiden Aussagen in einem übertragenen Sinn in der einen Person des Juden Jesus von Nazareth erfüllt sah.

Messianische Heilszeit

Nach jüdischem Glauben gehen der messianischen Heilszeit die „messianischen Wehen" voran. Das will sagen: Die Erlösung Israels wird in einer Zeit geschehen, in der Israel solche Erlösung am notwendigsten braucht. Also, wenn die Not Israels am größten ist. Hierfür steht die Vorstellung, daß die Größe des kommenden Heilskönigs und sein Werk der Befreiung und Erlösung der Größe und Schwere des vorangehenden Leidens des Volkes entsprechen wird. Wie die Wehen einer Mutter bei der Geburt ihres Kindes, so werden Not und Leiden Israels die Messias-Wehen sein.

Von daher wird verständlich, daß in Zeiten großen nationalen Unglücks das Sehnen nach dem Kommen des Messias im jüdischen Volk stark wurde. So zum Beispiel nach dem Jahre 70 n. Chr., als Jerusalem zerstört wurde und der Tempel Israels „sterben" mußte. Oder im Mittelalter, als Israel unter den christlichen Völkern Pogromen schlimmsten Ausmaßes ausgeliefert war. Wenn sich dann Menschen, wie etwa Bar Kochba oder Schabatai Zwi als messianische Befreier und Erlöser anboten, weckten sie unter den Juden größte Hoffnungen, die später nach tragischem Scheitern in grenzenlose Enttäuschung und Resignation führten. Als die Lehrer Israels die mit solcher Hoffnung verbundenen Gefahren für das jüdische Volk erkannten, antworten sie auf die Frage, wann denn der Messias kommen wird, mit dem Lehrsatz: „Wenn ganz Israel, das heißt wirklich alle Juden in der Welt, auch nur einen Schabbat mit seinen 39 Geboten oder Verboten wirklich hält." Da das wohl kaum möglich sein wird, wollten die Rabbiner damit sagen, daß man die Zeit des Kommens des Messias Gott überlassen sollte.

Aus diesem Grund gibt es im Judentum über die Endzeit und das Endzeitgeschehen einschließlich von Endzeit-Fahrplänen nicht die Spekulationen wie in manchen christlichen Kreisen. Messiaserwartung im jüdischen Glauben ist viel mehr Gegenstand des Gebets und weniger der Lehre im Sinne einer Dogmatik. Zu den messianischen Wehen gehört auch ein letzter großer Kampf von zwei mächtigen Gewalten in dieser Welt, die in der Bibel mit Gog und Magog bezeichnet werden. Auch sie werden durch den Messias Gottes besiegt.

Die zukünftige Welt

Die messianische Zeit gilt als die Zeit, die das Kommen der zukünftigen Welt vorbereitet. Die zukünftige Welt ist die eigentliche Endzeithoffnung Israels. Das, was mit der messianischen Zeit beginnt, wird in der vollkommenen und von Gott erneuerten Welt enden. In einem Beerdigungsgebet heißt es: „Erhoben und geheiligt werde sein großer Name in der Welt, die einst erneuert wird. Er belebt die Toten und führt sie zum ewigen Leben empor. Er erbaut die Stadt Jerusalem und krönt seinen Tempel in ihr. Er entfernt den Götzendienst von der Erde und bringt den Dienst des Himmels wieder an seine Stelle, nämlich auf die Erde. Regieren wird dann der Heilige, gelobt sei er, in seinem Reiche und in seiner Herrlichkeit."

Die Zeichen der erneuerten Welt

Zu dieser erneuerten Welt gehören folgende Attribute:
* Sie ist eine ewige Zeit der Rettung und Erlösung, also des Heils,
* eine ewige Zeit des Glücks,

* eine ewige Zeit des Wohlgefallens Gottes an seiner Welt und seinen Menschen,
* eine ewige Zeit seiner Gnade,
* eine ewige Zeit seines Erbarmens,
* eine ewige Zeit des Lebens mit Gott,
* eine ewige Zeit des Friedens.

In dieser erneuerten Welt werden Krankheit, Hunger, Not und Elend nicht mehr sein; dafür aber Recht und Gerechtigkeit. Wie es in dieser zukünftigen Welt aussehen mag, das ist heute nicht zu ergründen. Die Lehrer Israels haben alle Spekulationen darüber abgelehnt und nicht erlaubt. Im Talmud wird geschrieben: „Die Propheten haben in ihren Weissagungen nur von der messianischen Zeit gesprochen." Von der zukünftigen Welt aber heißt es: „Es hat sie außer dir, o Gott, kein Auge geschaut und auch nicht, was er denen tut, die auf ihn harren." Die zukünftige Welt kann erworben werden. Die Frage ist nur wie? Darauf antwortet der Talmud: „Wer die Worte der Tora erwirbt, erwirbt damit das Leben der zukünftigen Welt." In diese Welt kann man nur gelangen, wenn man gestorben und auferstanden ist. Da aber die zukünftige Welt erst nach der messianischen Zeit Ereignis wird, müssen die Seelen der Gestorbenen bis dahin aufbewahrt werden. Die Seelen der Gerechten, die im Buch des Lebens von Gott eingeschrieben wurden, werden bei Gott aufbewahrt, wobei die Seelen der Großen in Israel, wie Abraham, Isaak, Jakob, Mose, einen Ehrenplatz in der „Schatzkammer Gottes" erhielten.

Christliche Messiaserwartung

Christlicher Glaube hat eine wesentliche Beziehung zu Elementen jüdischer Hoffnung. Mit den Juden leben Christen in der gleichen Hoffnung und auf das gleiche Ziel hin, nämlich in der Erwartung des kommenden Heils. Nicht menschliche

Heilslehren und Heilsprogramme werden das herbeiführen, sondern Gott allein zu der Zeit, da er es will. Das Buch der Offenbarung im Neuen Testament spricht nicht von einer Erneuerung der Welt und ihrer Verhältnisse, die Menschen oder menschliche Ideologien herbeiführen könnten, sondern von einer Neuschöpfung dieser Welt durch Gott. Dazu gehören folgende Glaubensaussagen:

* Der von Christen erwartete Messias wird Jesus Christus, auf hebräisch *Jeschua ha Maschiach*, also Jesus-Messias sein.

* Er ist im Kampf mit der Finsternis gefallen, um sie dadurch zu besiegen, also was im Judentum dem Messias aus dem Stamme Ephraim als Sohn Josefs geschehen soll.

* Er ist auferstanden vom Tode in die Glorie des ewigen Lebens hinein. Also der Messias als Sohn Davids: „Ich lebe und ihr sollt auch leben."

* Bei Jesus Christus finden wir die Vorwegnahme des endzeitlichen Heils, denn durch ihn geschahen und geschehen die Heilszeichen der Endzeit: „Lahme werden gehen, Blinde sehen, Taube hören, Stumme reden, Kranke werden heil, Aussätzige werden rein und Tote stehen auf."

* Auch wer heute zu ihm findet, gerät bereits in die Wirklichkeit eines ganz anderen und neuen Lebens hinein. Er darf auferstehen vom Tode dieser Welt zu einem neuen Leben mit Jesus Christus. Die Bibel nennt das Wiedergeburt: „Ist jemand in Christus, so ist er eine neue Kreatur. Das Alte ist vergangen; siehe, es ist alles neu geworden."

* Dieses neue Leben, das nicht von dieser Welt ist, darf schon heute transparent werden für die kommende Welt. Hier darf geliebt werden, wo andere sich hassen. Hier darf Frieden vorgelebt oder bereitet werden, wo andere im Streit leben. Hier kann geheilt werden, wo andere sich Wunden schlagen. Hier darf geholfen werden, wo andere sich versagen. Hier kann Hingabe geschehen, wo andere sich zurückziehen oder vorübergehen. Das ist wirklich ein anderes Leben

und nicht von dieser Welt. Und es wird tragen und Wirklichkeit bleiben durch alles Sterben, durch den irdischen Tod hindurch in das ewige Leben des immerwährenden Reiches Gottes hinein.

* Bei unseren jüdischen Glaubensbrüdern gilt der Schabbat als Vorwegnahme des kommenden Heils. Das heißt: ein Stück Ewigkeit in unserer Zeit. Bei Christen ist es Jesus-Messias selbst. Darum ist alle Mission der Kirche Jesu Christi immer die Einladung, nach diesem Heil zu suchen und sich von ihm finden zu lassen. Denn er ist die Heilswirklichkeit Gottes und deshalb das Leben. Er ist der Weg, die Wahrheit und das Ziel.

Die christliche Gemeinde, die diese Heilswirklichkeit kennt und von ihr lebt, kann darauf mit den letzten Worten der Bibel antworten: „Amen, ja komm, Herr Jesu!"

„. . . daß ich Frieden mache" — Buße und Vergebung

Vergänglichkeit und Schuld

Zwei Gegebenheiten führen zum Tod: Die Vergänglichkeit des Menschen — von Erde wurde er genommen und zu Erde wird er werden — und die Schuld vor Gott: „Der Tod ist der Sünde Lohn" (Röm 6,23).

Das ist dem frommen Juden bewußt, wenn er das weiße Gebettuch oder den Gebetsmantel (*Tallit*) über sich wirft und damit sein Haupt verhüllt.

Mit diesem Glaubenszeichen bekennt er seine Verlorenheit vor Gott, dem Ewigen, der ohne Anfang und Ende ist, dem Allmächtigen und Weltenherrn, der diese Welt und alles Leben in ihr geschaffen hat, dem Richter über Gut und Böse. Das weiße Tuch seiner Bedeckung hüllt ihn ein und trennt ihn von den Stunden und Ereignissen seines täglichen Lebens, von seiner Umwelt, auch von seinem Nächsten. Er steht allein vor dem Ewigen, so wie es sein wird, wenn der Tod ihn trifft. Deshalb ist der *Tallit* auch das Leichentuch oder der Totenkittel des frommen Juden. In ihm eingehüllt oder mit ihm bedeckt, wird sein Leib einmal begraben werden.

Das erinnert uns an zwei Gestalten, die wir im Alten Testament finden. Es sind Mose und Elia. Beide werden mit der Wirklichkeit Gottes konfrontiert — und mit ihrer Schuld. Mose, der Unrecht an israelitischen Brüdern durch Mord an einem Ägypter zu rächen versuchte, und Elia, der aus Furcht um sein

Leben seinem Prophetenamt entfloh. „Da verhüllte Mose sein Angesicht und fürchtete sich." Und von Elia heißt es: „Er verhüllte sein Antlitz mit seinem Mantel."

Fromme Überlieferung verbindet mit Mose und Elia zwei Erkenntnisse über die Wirklichkeit des Menschen: Die erschreckend kurze Zeit eines Menschenlebens vor dem Gott, der ohne Anfang und Ende, also ewig ist; und wie oft der Mensch vor dem Herrn seines Lebens versagt.

In altjüdischer Überlieferung lesen wir: „Wer ist unter den Lebenden, der nicht gesündigt? Wer unter den Weibgeborenen, der nicht deinen Bund gebrochen? *Jetzt* erkenne ich, daß die zukünftige Welt wenigen Erquickung bringen wird, vielen aber Pein. Denn erwachsen ist uns das böse Herz, das hat uns dem Bund (Gottes mit uns) entfremdet und der Vernichtung nahe gebracht; es hat uns des Todes Wege gewiesen und des Verderbens Pfade gezeigt und uns vom Leben weggeführt, und dies nicht etwa wenige, nein, fast alle, die geschaffen sind!" (4 Esra 7,46ff).

Das jüdische Jahr beginnt mit zehn sehr ernsten Bußtagen, die mit *Rosch Haschana*, dem Neujahrstag, anfangen und mit *Jom Kippur*, dem Versöhnungstag, enden. Die Gottesdienste dieser Tage werden begleitet mit dem Blasen des Widderhornes, des *Schofars*, dessen eindringlicher Ton an Vergänglichkeit und Tod, an Schuld und Gericht gemahnen soll.

Vor Gott stehen dann die jüdischen Männer im Weiß der übergeworfenen Gebetsmäntel, in ihren Händen das Gebetbuch: „Wir haben uns verschuldet, waren treulos, haben geraubt, haben Böses geredet, haben gefehlt und gefrevelt, waren übermütig, waren gewalttätig, haben Lügen erdichtet, haben schlechten Rat erteilt, haben gelogen, gespottet, haben geschmäht, waren widerspenstig, handelten tückisch, waren frevelhaft, handelten feindselig, waren hartnäckig, waren Frevler, waren verderbt, verübten Greueltaten, gingen irre und haben irre geführt . . ."

Mit solchem Aufzählen von Möglichkeiten des Mißverhaltens vor Gott und an Menschen will beim Betenden etwas erreicht werden, nämlich das, was wir Sündenerkenntnis nennen. Das Bewußtwerden konkreter Schuld und das Erschrecken darüber, daß Schuld mich mit Gott konfrontiert und nicht losläßt, weil ich sie nicht mehr ungeschehen machen kann. Schuld ist geschehen!

Sündenerkenntnis und Sündenbekenntnis

Sündenerkenntnis unter Gott ist die Voraussetzung für das Sündenbekenntnis vor Gott, das in der Gottesdienstordnung seinen Höhepunkt erreicht am *Jom Kippur*, dem Tag der Hingebung und Reue in 24stündiger Fastenzeit. Hier wird in drei verschiedenen Gebetszeiten das „große Sündenbekenntnis" gesprochen: „Wir haben gesündigt und gefrevelt, darum wurden wir nicht erlöst. Gib in unser Herz, den Weg der Bosheit zu verlassen und beschleunige unser Heil. . . und so sei es dein Wille, Ewiger, unser Gott, und Gott unserer Väter, uns zu verzeihen alle unsere Sünden, uns zu vergeben alle unsere Missetaten und uns zu sühnen von all unseren Freveln. Die Sünde, die wir begangen haben durch Zwang oder freiwillig . . ."

Und nun folgt eine Aufzählung von Verfehlungsmöglichkeiten, die, nach dem hebräischen Alphabet geordnet, zweimal 22 Mißstände im Leben des Betenden vor Gott und gegenüber seinem Mitmenschen ansprechen, z.B.:

„Die Sünde, die wir begangen haben durch Lug und Trug.
Die Sünde, die wir begangen haben durch Spott.
Die Sünde, die wir begangen haben im Handel und Wandel.
Die Sünde, die wir begangen haben durch den Blick des Auges.
Die Sünde, die wir begangen haben durch das Reden unserer Lippen.

Die Sünde, die wir begangen haben durch Verfolgung des Nächsten . . ."
und gegen Schluß dieser langen Aufzählung:
„Die Sünden, die wir schuldig sind des Todes durch Gottes Hand."

Schuld ausräumen und Frieden machen

Jeder fromme Jude, der vom tiefen Ernst der Bußtage erfaßt ist, nötigt sich selbst, in Vorbereitung auf dieses große Sündenbekenntnis sein Leben im vergangenen Jahr, vom letzten *Jom Kippur* bis heute, zu überdenken und zu überprüfen, damit ihm konkret begangene Schuld am Nächsten bewußt wird. Das Bewußtgewordene aber fordert sein Bemühen, solche Schuld auch wirklich auszuräumen, seinen Nächsten aufzusuchen, um Vergebung zu bitten und Frieden — Schalom — ihm gegenüber werden zu lassen. Das sollte spätestens am Vortag von *Jom Kippur* geschehen sein. Nur dann ist es dem Frommen möglich, sich mit letzter Hingabe in den Ernst des Versöhnungstages hineinzustellen.

Schuld ausräumen unter Menschen, das ist ein für die Buße vor Gott notwendiges Element in der unter Gott lebenden Gemeinde. Daß ich umkehre und auch meinem Nächsten solche Umkehr mir gegenüber erleichtere, daß ich Frieden mache mit jedem, an dem ich schuldig oder der an mir schuldig wurde, ist die Voraussetzung dafür, daß Gott meine Buße ernst nimmt und bereit sein kann, mir seinen Frieden zu geben, mir zu vergeben. Versöhnung mit dem Mitmenschen ist die Voraussetzung für Gottes Versöhnung mit mir, denn der uns alle richtende Gott will nicht „den Tod des Sünders, sondern daß er umkehrt von seiner Bosheit und lebe" (nach Hes 18,23 und 33,11).

Leben mit Gott ist Gottes Friede, ist Schalom mit mir. Aber Frieden mit Gott ist ohne Frieden mit meinen Mitmenschen nicht zu haben. Und Gott wird uns unsere Schuld nur in dem Maß vergeben, als wir bereit waren, Schuld auszuräumen, damit uns Gott in seiner Barmherzigkeit wieder einschreiben kann ins Buch des Lebens für das nun beginnende neue Jahr. Bei ihm aber gibt es auch das Buch des Todes! Jesus Christus, der ja Jude war und im jüdischen Glauben seiner Zeit lebte, hat seinen Nachfolgern sehr empfohlen, das gleiche zu tun: „Darum, wenn du deine Gabe auf dem Altar opferst und dir wird dabei bewußt, daß dein Bruder etwas gegen dich hat, so laß vor dem Altar deine Gabe und gehe zuvor hin und versöhne dich mit deinem Bruder und dann — alsdann — komm und opfere deine Gabe" (Mt 5,23f), damit — so ist es gemeint — auch Gott sich mit dir darüber versöhnen kann.

Auch diejenigen, die von der Schuld anderer getroffen wurden, werden von Jesus aufgefordert, sich der notwendigen Versöhnung auf keinen Fall zu versagen, wenn er uns beten lehrt: „Vergib uns unsere Schuld, *wie* wir vergeben unseren Schuldigern." *Gleich* wie wir es tun! Oder deutlicher: wie wir es getan haben!

Die hier ausgesprochene Bitte ist von größtem Gewicht und größter Tragweite, unter Umständen folgenschwer, denn sie kann als Gleichung auch heißen: Vergib uns genausowenig — *gleich wie* — wir es sehr wenig oder gar nicht tun oder getan haben!

Das heißt, das Maß der Vergebung Gottes richtet sich nach dem Maß unseres Bemühens, vergeben zu können und vergeben zu wollen. Deshalb kann sich auch der Christ mit dem Vaterunser ins Gericht Gottes gedankenlos oder bewußt hineinbeten, also ins Buch des Todes hinein. Deshalb sollten Christen ihren Buß- und Bettag sehr ernst nehmen, auch er hängt zusammen mit dem Vergehen des alten und dem Beginn eines neuen Jahres der Kirche Jesu Christi.

Auferstehung und Gericht

Nun gibt es aber Schuld, die der Mensch nicht mehr ausräumen kann. Da ist z.B. über unsere Schuld ein Mensch gestorben. Als Christ kann ich zwar, wie es Juden vor Jom Kippur tun, am Toten- oder Ewigkeitssonntag, der ja dem Bußtag folgt, das Grab eines Verstorbenen aufsuchen und seiner im Gebet gedenken.

Betend kann ich dann auch meine Schuld vor ihm ansprechen, aber es ist mir nun unmöglich, die Schuld an ihm auszuräumen. Seine Hand kann mich nicht mehr erreichen, sein klärendes und verzeihendes Wort nicht mehr mein Ohr finden. Das ist durch seinen Tod verstummt, nicht aber meine Schuld.

Ebenso stumm mir gegenüber ist auch Schuld, die ich nicht und nie erkannt habe. Aber vor Gott redet sie ja auch, vielleicht auch schreiend — immer aber anklagend! Und solche unerkannte oder nicht mehr ausräumbare Schuld wird mich ins Grab hinein begleiten. Für einen Juden wird sie zusammen mit seinem verfallenden Leib von seinem *Tallit*, seinem Gebetsmantel oder Totenkittel, bedeckt sein bis zur Stunde der Auferstehung, wie es jüdischer Glaube meint. Das Wort aus Ps 32 oder 85 „Wohl dem, dem solche Sünde bedeckt ist" aber läßt noch Hoffnung zu. Darum heißt *Jom Kippur* nicht so sehr Versöhnungstag — das gewiß auch —, sondern noch mehr „Tag der Bedeckung" — vom Wort kapper her.

Die Auferstehung von den Toten aber ist immer mit dem Gericht Gottes verbunden. Vor ihm stehen wir denn unbedeckt oder aufgedeckt und haben sein Urteil zu empfangen. Es wird ein endgültiges Urteil sein, wie es Gott an jedem Neujahrstag geschrieben und mit jedem Versöhnungstag besiegelt hat: „Wie viele vergehen, wie viele geboren werden, wer leben wird und wer sterben, wer sein Ziel erreicht und wen vorher des Todes Ruf ereilt, wer im Feuer, wer im Wasser, wer durchs Schwert und wer durch Hunger, wer durch Seuche, wer durch

Sturm umkommt, wer ein ruhiges, wer ein unstetes Leben führt, wer erhoben, wer erniedrigt, wer reich und wer arm wird."

Aber Buße, Gebet und Opfer, Liebeswerke unter Menschen wenden ab das böse Verhängnis. War es genug?

Denn mit der Auferstehung aus dem Grab der Vergänglichkeit steht auch die unausgeräumte Schuld meines Lebens auf, die bisher, von Gottes Barmherzigkeit bedeckt, mit mir im Grabe ruhte. Sie steht dann anklagend zwischen Gott und mir. Daß in der Stunde des Gerichts dann Gottes Barmherzigkeit größer ist als seine nicht ausgeräumte, nicht durch sein Mühen getilgte Schuld, das kann und möchte der fromme Jude hoffen, aber mit letzter Gewißheit weiß er es nicht. Kein Jom Kippur endet mit einem ausdrücklichen Wort der Sündenvergebung im Namen Gottes. Das ist allein Gott am Tage des Weltengerichts vorbehalten.

Vergebungshoffnung

„Dennoch bleibe ich stets an dir" und hoffe darauf, daß Gott als „mein Erlöser" lebt. Auch darauf, daß er wahrgenommen hat, wie sehr ich mich in meinem Leben von *Jom Kippur* zu *Jom Kippur*, also Jahr für Jahr, gemüht habe, Schuld in meinem Leben zu tilgen, die erste und die zweite Tafel der Gebote Gottes, Gott selbst und meinen Nächsten in all meiner Zeit heilig, d.h. heil zu halten und damit Frieden, Schalom, zu leben. Wie sehr ich mich bemüht habe, das Jesaja-Wort ernsthaft zu leben:

„Dem Hungrigen brich dein Brot!
Betrübten Armen öffne dein Haus!
Wenn du einen Nackten siehst, so kleide ihn.
Entzieh dich nicht dem, der deines Fleisches ist!
Dann dringt dein Licht hervor, der Morgenröte gleich,
und deine Heilung wird bald beginnen.

Dann zieht deine Tugend vor dir her,
und Gottes Erscheinung wird dir folgen.
Rufst du dann, so antwortet er dir,
wenn du schreist, wird er dir sagen: ‚Hier bin ich!'
Räumst du aus deinem Leben Gewalttat,
das Drohen deiner Hände und verlogene Rede . . .
einem bewässerten Garten wirst du gleichen,
einer Wasserquelle, die nicht versiegt . . . „ (aus Jes 58).
Ein solches Leben verdient allen Respekt, alle Hochachtung.
Denn was kann der Mensch, der unter Gott glaubend lebt,
mehr tun als versuchen, den Anspruch Gottes in seinem Leben
ernst zu nehmen und sich dabei an die Hoffnung zu klammern,
daß es Gott ihm, dem er seine Wege Tag für Tag befohlen hat,
wohlmachen wird — und wenn nicht hier in dieser Welt, dann
in der zukünftigen?

Vergebungsgewißheit

Dennoch hat es zu allen Zeiten im Volk der Juden Menschen
gegeben, die erkannten, daß sie dem Anspruch Gottes für ihr
Leben nicht und niemals gerecht werden können, und daß
auch der *Jom Kippur* und die mit ihm verbundene Hoffnung
auf die Barmherzigkeit Gottes sie nicht in eine persönliche
Heilsgewißheit führen. Die nach einer totalen Sündenvergebung für ihr Leben heute fragten und nicht eine letzte Unge-
wißheit mit der Hoffnung auf das Erbarmen Gottes am Jüngsten Tag zu kompensieren in der Lage waren. Sie haben die
Antwort auf ihre Fragen nach Heils-Gewißheit dann bei dem
gefunden, der sie in ihrem Leben persönlich ansprach: „Stehe
auf, dir sind deine Sünden vergeben!"
    Jesus nahm die kommende, auf Israel zukommende Barm-
herzigkeit Gottes vorweg und brachte Heil für Menschen in ihre Gegenwart, im „Heute" ihres notvollen und schuldvollen

Lebens, so sie bereit waren, dieses Heil auch anzunehmen. Deshalb konnte Jochen Klepper sagen und singen:

„Die Nacht ist vorgedrungen, der Tag ist nicht mehr fern.
So sei nun Lob gesungen dem hellen Morgenstern.
Auch wer zur Nacht geweinet, der stimme froh mit ein.
Der Morgenstern bescheinet auch deine Angst und Pein.

Dem alle Engel dienen, wird nun ein Kind und Knecht.
Gott selber ist erschienen zur Sühne für sein Recht.
Wer schuldig ist auf Erden, verhüll nicht mehr sein Haupt.
Er soll errettet werden, wenn er dem Kinde glaubt"
(EG 16,1 und 2).

Das Erbarmen Gottes — Jesus hat es gelehrt und gelebt und lud Menschen ein, mit ihm zusammen das Erbarmen Gottes mit denen zu teilen, die danach verlangten. Er garantierte das Erbarmen Gottes mit seinem Tod, mit seiner totalen Hingabe in das kommende Gericht Gottes. So wurde das Schandmal des Kreuzes zum Heilszeichen für die, die durch seinen Tod das Leben fanden. Ein Leben, das gelten wird, durch alles Sterben hindurch.

„Das ist mein Blut des Neuen Bundes, das für euch und für viele vergossen wird zur Vergebung der Sünden."

Buß- und Bettag: Mit diesem Tag stehen wir vor der Ewigkeit Gottes. Der Ernst dieses Tages ist verbunden mit der Erkenntnis, daß Gottes Barmherzigkeit zu empfangen für jeden Christen bedeutet, sie auch zu leben.

Am Anfang dieses Beitrages hieß es, zwei Gegebenheiten führen zum Tod: die Vergänglichkeit des Menschen und seine Schuld vor Gott. Jetzt aber muß gesagt werden, zwei Gegebenheiten führen zum Leben: die Auferstehung von den Toten und die Vergebung unserer Schuld. Der Garant dafür, daß solches nicht erst in ferner Zukunft, sondern schon heute zur Heilsgewißheit für unser Leben wird, ist Jesus Christus.

Das mag für jüdische Menschen — außer den jüdischen Christen — nicht akzeptabel sein. Aber das müßte und dürfte uns Christen von den Juden nicht trennen. Wir haben für unseren Glauben sehr viel vom alten Bundesvolk Gottes empfangen. Und der Ernst, mit dem fromme Juden ihren *Jom Kippur* und die damit verbundene Bußfertigkeit begehen, sollte uns Christen zur Mahnung werden und auch dazu helfen, das jüdische Volk wieder neu zu sehen und zu verstehen, ohne für den zu verstummen, der unser Heil wurde: Jesus Christus, der König der Juden.

Christen und Juden — ein Volk Gottes?

„Ich will, daß sie alle eins seien" (Joh 17). Wer diese Worte Jesu aus seinem hohenpriesterlichen Gebet kennt, dem wird schmerzlich bewußt, wie wenig davon in der Christenheit und ihren Kirchen Erfüllung gefunden hat. Die Fragen nach der Wahrheit oder nach der „rechten Lehre" haben mit ihren verschiedenen Antworten zu einer Zersplitterung und gegenseitigen Abgrenzung geführt, die keineswegs ein Ende gefunden hat.

Seit dem Zweiten Weltkrieg gab und gibt es Bemühungen, die verschiedenen Kirchen bei allen Lehrunterschieden wenigstens unter einem Dach zusammenzuführen. So entstand die ökumenische Bewegung mit dem Ökumenischen Rat der Kirchen, dem aber die Katholische Kirche bis heute nicht angehört.

Das Grundbekenntnis der im Ökumenischen Rat vertretenen Kirchen ist ihr gemeinsamer Glaube an den dreieinigen Gott: Gott Vater, Sohn und Heiliger Geist, insbesondere dabei an Jesus Christus als Heiland und Erlöser für alle Menschen.

Nun wird seit einiger Zeit im Raum der evangelischen Kirchen und von etlichen ihrer Theologen die Frage gestellt, ob zu dieser Einheit nicht auch Israel, also die Juden, gehören müßten, und wie die tiefe Trennung des „gespaltenen Gottesvolkes", also zwischen Christen und Juden, überwunden werden kann? Ob auch hier der Wunsch Jesu — „damit sie alle eins seien" — wenigstens andeutungsweise Erfüllung finden kann? Denn was Trennung bedeutet, das haben Religionskriege, Lehrverurteilungen, Bannflüche, Pogrome und schließlich auch Ausrottungsprogramme leidvoll genug bewiesen.

Das christlich-jüdische Gespräch heute in den Gesellschaften für christlich-jüdische Begegnung und Zusammenarbeit fundiert auf der Hoffnung, daß eine Einigung zwischen Juden und Christen möglich werden könnte, wenn man auch noch nicht von einer Einheit sprechen will.

Das Verbindende zwischen Juden und Christen

Nun gibt es sehr viel, was uns Christen mit den Juden glaubensmäßig verbindet. Zuerst einmal die Tatsache, daß Jesus Jude war und als Beschnittener zum alten Bundesvolk Gottes gehörte. Auch für seine Jünger und die im jüdischen Volk entstandene Kirche Jesu, also für jüdische Christen, traf dies zu.

Das Alte Testament, die Bibel Israels, blieb ihre Bibel und gehört auch zusammen mit dem Neuen Testament zur Bibel der Christenheit.

Jüdische Glaubensaussagen fanden Niederschlag im Neuen Testament, das eigentlich ein jüdisches Glaubensbuch ist, weil es von seiner Grundlage und Zielsetzung her zu Israel gehört. Die neue Übersetzung von David Stern will das verständlich machen (Das jüdische Neue Testament, 1994).

Der Gott Abrahams, Isaaks und Jakobs, der Gott Israels ist auch der Gott der Christen, weil er der Vater Jesu Christi ist. Der erste Artikel im apostolischen Glaubensbekenntnis könnte zusammen mit der Erklärung Martin Luthers Wort für Wort auch von Juden gesprochen werden.

Die Bündnisse Gottes (Abrahams- und Mosebund) auf der einen Seite, wie auch die jüdische Gottesgemeinde auf der anderen Seite, haben nie aufgehört zu bestehen. „Gott hat sein Volk nicht verstoßen, das er sich erwählt hat"(Röm 11,1f).

Doch auch die Liebe Gottes in Jesus Christus bleibt weiter für Israel bestehen. Das Evangelium Jesu behält seine Gültigkeit für das jüdische Volk (Röm 1,16) bis zur Wiederkunft Christi.

Das Trennende zwischen Juden und Christen

Dennoch besteht eine tiefe Spaltung zwischen Juden und Christen, die mit menschlichem Bemühen nicht überbrückt werden kann. Das beginnt schon mit den Anfangs-Worten des zweiten Artikels im apostolischen Glaubensbekenntnis:

„Ich glaube *an* Jesus Christus . . ."

Schalom Ben-Chorin, der zum liberalen Reformjudentum gehört, konnte schreiben: „Der Glaube Jesu einigt uns, der Glaube an Jesus trennt uns." Hier ist der historische Jesus gemeint, wie er als Jude gelebt und gelehrt hat, und nicht das, was die Christen angeblich aus ihm gemacht haben. Pinchas Lapide: „Mit dem Tode Jesu fing die evangelische Dichtung an." Seither gibt es im Einigungsbemühen zwischen Juden und Christen, sowohl von liberalen Vertretern des Judentums als auch von Seiten liberaler evangelischer Theologen, das Bestreben, die „evangelische Dichtung" aufzugeben oder durch evangeliumsfremde Interpretationen ihr andere Inhalte zu geben.

Der Abschied vom geglaubten und erfahrenen Jesus Christus als dem auferstandenen Herrn, „offenbart im Fleisch, gerechtfertigt im Geist, gepredigt den Heiden, geglaubt in der Welt, aufgenommen in die Herrlichkeit" (1 Tim 3,16), würde den Weg zur jüdischen Glaubensgemeinde öffnen und vielleicht auch zur Einigung führen können. Prof. Lüdemann, Prof. für evangel. Theologie, hat einen solchen Abschied erst jüngst gefordert.

Was trennt die Christen von den Juden? Oder, was hindert die jüdische Gemeinde, sich wenigstens unter einem Dach, wie dem der Ökumene, mit den Christen zusammenzufinden?

Was Juden nicht anerkennen können

Es sind folgende Glaubensaussagen, die für Juden nicht akzeptabel oder nachvollziehbar sind:

* Der Glaube, daß Jesus von Nazareth der nach der Schrift verheißene Messias sei, ist für Juden nicht erkennbar. Das Kommen des zu Erwartenden ist nach jüdischer Auffassung verbunden mit dem Beginn des Friedensreiches, der Erlösung von allen Übeln in dieser Welt und dem Bau des dritten Tempels in Jerusalem.

* Das Bekenntnis zu Jesus als dem „eingeborenen Sohn Gottes" gilt für Juden als Gotteslästerung, die den Tod verdient (Joh 19,7). Um solche „Irrlehre" von der jüdischen Gemeinde fernzuhalten, wurde in die Gebetsliturgie der Synagoge die Ketzerverfluchung eingeführt (Ende 1. Jh. n Chr.). Zusammen mit dem *Meschummad*-Verdikt bedeutete dies den Ausschluß der jüdischen Anhänger Jesu von der jüdischen Gottesgemeinde (*Meschummad* — Vertilgung).

* Jedes Werben für Jesus gilt als Einladung zum Götzendienst, dessen Folgen im Judentum nicht auszudenken sind. Eine christliche Judenmission muß deshalb vom Judentum mit aller Härte abgelehnt werden.

* Die Kreuzigung Jesu als stellvertretende Toraerfüllung im Sühneleiden für Israel ist für Juden nicht akzeptabel. An Stelle der täglichen drei Opferzeiten im Tempel traten nach seiner Zerstörung die täglichen drei Gebetszeiten als Opferpflicht Israels und außerdem die Bußtage, die zum *Jom Kippur* hinführen.

* Die Darstellung des Gekreuzigten (Kruzifix), und damit verbunden die christliche Glaubensaussage „Gott war in Christus und versöhnte die Welt mit sich selber" (2 Kor 5,19), ist für Juden lästerlich.

* Durch die Verfolgung der Juden in christlichen Völkern, einschließlich der Zwangstaufen, wurde das Kreuz Christi ein Zeichen des Unheils und jede Taufe eines Juden, auch die freiwillige, ein Abschied von der jüdischen Gemeinde, also ein Akt des Todes.

* Nach jüdischer Meinung widerspricht die christliche Trinitäts-
  lehre (Gott Vater, Sohn und Heiliger Geist) dem ersten Gebot
  und damit dem von Israel geforderten Monotheismus.
* Vergebung der Sünden im Namen Gottes ist widergöttliche
  Anmaßung. Deshalb kann die Kirche unmöglich eine Heils-
  veranstaltung Gottes sein.
* Für die Orthodoxie im Judentum gilt das Neue Testament als
  ein verbotenes Buch. Doch auch für das liberaler denkende
  Reformjudentum gilt es als Quelle des Antijudaismus, denn
  mit neutestamentlichen Aussagen begründeten Christen ihren Judenhaß und ihre Judenfeindschaft (z.B. 1 Thess 2,15).
* Mit dem Kommen des Messias erwartet Israel den Beginn der
  absoluten Gottesherrschaft, also das Reich Gottes, auf dieser
  Erde. Das aber bedeutet Erneuerung, nicht Neuschöpfung,
  der Welt, den Schalom Gottes, Friede, Gerechtigkeit und Liebe. Das alles hat der Messias der Christen nicht gebracht!

Bei aller Liebe zu Israel: diese für Juden schwerwiegenden
Fakten in ihrer Ablehnung des christlichen Glaubens müssen
nach Kenntnisnahme zur Frage führen, wie es jemals zu einer
echten Verständigung im Glauben zwischen Juden und Christen kommen kann, ohne daß Christen die zentralen Aussagen
des Evangeliums aufgeben müßten.

Ein Einswerden oder Einssein der beiden Gottesgemeinden
wird es in dieser Welt nicht geben, solange die Kirche sich
selbst nicht aufgibt. Sie ist gebaut auf dem Fundament der Apostel und Propheten, da Jesus Christus der Eckstein ist (Eph 2,20).
Und ihr ist verheißen, daß selbst die Pforten der Hölle sie nicht
überwinden werden. (Mt 16,18).

Im Haus des Vaters

Das Wort Jesu „in meines Vaters Haus sind viele Wohnungen"
haben philosemitische Träumer dahingehend ausgelegt, daß

ein Teil dieser Wohnungen von Israel belegt und bewohnt werden, weil durch den Abrahams- und Mosebund Israel im Vaterhaus lebt, also bei Gott ist. Doch Jesus hat zu seinen jüdischen Jüngern gesagt: „Ich gehe hin, *euch* die Stätte zu bereiten!" (Joh 14, 2ff). In diesem Zusammenhang spricht Jesus: „*Ich* bin der Weg, die Wahrheit und das Leben."

Für Christen, die daran festhalten möchten, daß Israel das von Gott erwählte und geliebte Volk ist, stellt sich jetzt die Frage, die den Apostel Paulus, aber auch die jüdischen Anhänger Jesu in der Zeit einer im jüdischen Volk entstandenen Kirche schmerzhaft belastet hat: Jesus von Nazareth ist als Messias Gottes und damit als Heilsangebot für sein Volk gekommen und hat sich für Israel geopfert. Doch Israel hat dies nicht verstanden und nicht erkannt. Das Heil Gottes in Jesus Christus wurde Israel ein Ärgernis. Statt dankbarer Annahme des Evangeliums erfuhren seine Zeugen Ablehnung und Verfolgung und blieben dem jüdischen Volk ärgerlich.

Warum hat Gott das zugelassen und läßt dies bis heute zu?

Die „Blindheit Israels" ist von Gott gewollt

Diese Fragestellung und die gefundene Antwort darauf ist im Brief des Paulus an die Römer zu finden: Die Blindheit Israels für das Evangelium ist von Gott gewollt und verordnet.

Über Israel liegt eine Decke, wie einst über dem Antlitz des Mose, wenn er zu einer Begegnung mit Gott kommen sollte. Das bedeutet, daß Israel zur letzten Wirklichkeit seines Heils jetzt noch nicht kommen kann und darf. Warum? Paulus antwortet darauf in Röm 11,25: um der Heiden willen! Denn wenn Israel Gottes Heil in Jesus erkennt und annimmt, dann ist Gottes Plan zur Rückführung seiner von ihm abgefallenen Schöpfung vollendet und mit seinem Volk Israel an dem von ihm gewollten Ziel angelangt: Auferstehung, Gericht und Beginn der zukünftigen Welt.

Doch es bleibt die Frage, was dann mit den Heiden ist, mit den Menschen und Völkern, die von Gottes Wirklichkeit nichts wissen? Denn nach Aussagen der Bibel hat Israel als Zeuge für die Wirklichkeit Gottes durch seinen immer wiederkehrenden Ungehorsam versagt.

Die Antwort des Paulus auf diese Frage soll hier etwas ausführlicher dargestellt werden:

Das Gleichnis von den zwei Zügen

Die Bibel beginnt mit der Aussage, daß Gott sich eine Welt schuf, von der es hieß: „Siehe, es war sehr gut." Doch der Mensch hat Gottes heile Welt verdorben. Das begann damit — und so ist es geblieben —, daß er Gott den schuldigen Gehorsam verweigerte und sich selbst zu verwirklichen suchte. Doch damit hat sich diese Welt verdunkelt und lebt im Unheil, treibt dem Untergang und der Selbstvernichtung entgegen.

Gott will das nicht. Er liebt seine Schöpfung und auch seine Geschöpfe. Er will nicht ihr Unheil, sondern Heil. Deshalb hat er der Welt ein anderes Ziel gesetzt: nicht Tod, sondern Leben, nicht Krieg, Terror, Haß, Gewalt, Leid, Kummer und Schmerzen, sondern Schalom, den alles und alle umfassenden Frieden, wobei der Frieden mit Gott der Schlüssel für alles Heil ist.

Auf dieses Ziel hin hat Gott einen Zug abfahren lassen, der Israel heißt und aller Welt das Ziel Gottes bekannt machen soll. Wer erfahren will, was Gott mit seiner Welt vorhat, der muß auf diesen Zug schauen. Er gibt die Richtung an, wenn auch nicht den Fahrplan Gottes. Doch an den hell erleuchteten Fenstern dieses Zuges sind die Zeugen des zukünftigen Heils erkennbar, und sie geben noch heute Auskunft darüber, wo es lang geht: Abraham, Isaak, Jakob, Mose und die Propheten.

Nun hat es Gott gefallen, diesen Zug anzuhalten. Ein Haltesignal fiel, und von da an wurde Israel zum Warten bestimmt, jedoch nicht zur Demontage, wie die Christenheit es lange Zeit meinte. Warum? Denn inzwischen hat Gott einen zweiten Heilszug abfahren lassen, den Zug der Völkermission. Auch er fährt durch die Geschichte dieser Welt. Auf allen Stationen steigen Missionare aus und laden jedermann zum Mitreisen ein. Mit der Taufe wird die Freikarte dafür angeboten. Man kann das Angebot selbstverständlich verweigern, den Zug auch unterwegs verlassen und verlorengehen.

Dieser zweite Heilszug durch die Geschichte der Heidenwelt fährt dem ersten solange hinterher, bis er ihn nach Gottes Fahrplan eingeholt haben wird. Wenn das geschieht, dann werden beide Züge, der Zug Israel und der Zug der Hinzugeführten (Eph 2,11ff) aneinandergekoppelt und unter der Direktion des wiedergekommenen Messias Jesus in das Heil Gottes einfahren.

Was geschieht dann?

Dann fällt die Decke, dann fällt der Nebel, dann wird Israel sehend und erkennt den, den es bis dahin abgelehnt hat. Das wird Erschrecken und auch Glück sein. Jesus wird als Messias von seinem Volk endlich angenommen als derjenige, der immer der verborgene König der Juden war und sein Volk begleitete, auch durch alle Not hindurch, auch durch die Gaskammern von Auschwitz. Jesus, der an Israel und auch für Israel leidende Messias (Jes 53), der sein Volk liebende König der Juden. Die Christenheit mag Israel lange Zeit abgelehnt haben, er nicht.

Paulus beschreibt dies mit folgenden Worten: „Blindheit ist bis zu einem gewissen Maß über Israel gekommen, bis die heidnische Welt eingeht in ihrer Fülle, und auf diese Weise wird ganz Israel — die Juden und die Hinzugeführten — gerettet werden" (Röm 11,25).

Wir erfahren nicht, wann das sein wird (Apg 1,7) und auch nichts über die Zahl der dann Geretteten. Die Offenbarung schreibt im siebten Kapitel von 12 mal 12 000, also 144 000 aus Israel. Das ist keine mathematische, sondern eine Symbolzahl und meint die Vollzahl der Gemeinde Gottes aus den Juden. Dann heißt es weiter: „. . . dazu eine große Zahl, die niemand zählen konnte, aus allen Völkern, also die Gemeinde Gottes aus der nichtjüdischen Welt."

Hoffnung für Israel

Wenn wir das ernst nehmen und glauben, dann bedeutet dies, daß Christen die Juden in den christlichen Glauben einbezogen haben müssen, und Fürbitte für Israel dürfte kein leeres Wort sein, denn Christen sind Hoffnungsträger für Israel. Sie leben in und mit der Hoffnung, daß Gott die Einheit seiner Gemeinde will und an „seinem Tage" vollenden wird. Dann hat auch die Bitte Jesu, „auf daß sie alle eins seien", ihre Erfüllung gefunden. Das bedeutet aber auch, daß Christen keinen Juden aufgeben können, auch wenn sie Widerspruch und Ablehnung erfahren. Die Liebe Gottes in Jesus Christus seinem Volk zu bezeugen, bleibt Auftrag der Gemeinde Jesu Christi, also der Kirche, solange sie das ist.

Es hat zu allen Zeiten jüdische Menschen gegeben, die für die Wirklichkeit ihres Messias Jesus sehend wurden und sich mit ihrem Leben in seinen Dienst stellten. Sie stellen eine Vorwegnahme des endzeitlichen Heils für Israel dar und sollten in den Kirchen nicht verachtet oder von ihnen verschwiegen werden. Sie leben in einem Zeugendienst, vielleicht auch für eine Kirche, deren Glieder gegenwärtig von einer fortschreitenden Blindheit für die Wirklichkeit Christi als Herrn und Gebieter seiner Gemeinde befallen sind. Deshalb gilt auch für sie das Gebet, daß Gott ihr die selbstverschuldete Blindheit nehmen möchte und sie in Gemeinschaft mit ihrem Herrn wieder deutlicher ein Licht für die Welt sein darf.